U0840412

妈妈好习惯 孩子好成绩

頭のいい子が育つママの習慣

〔日〕清水克彦 著　　曲铭 译

华东师范大学出版社

图书在版编目（CIP）数据

妈妈好习惯，孩子好成绩 /（日）清水克彦著；曲铭译.
—上海：华东师范大学出版社，2013.12
ISBN 978-7-5675-1576-5

Ⅰ.①妈… Ⅱ.①清… ②曲… Ⅲ.①家庭教育
Ⅳ.①G78

中国版本图书馆 CIP 数据核字（2014）第 000705 号

妈妈好习惯，孩子好成绩

著　　者〔日〕清水克彦
译　　者 曲铭
项目编辑 储德天　陈庆生
特约编辑 徐曙蕾
装帧设计 高静芳

出版发行 华东师范大学出版社
社　　址 上海市中山北路 3663 号 邮编 200062
网　　址 www.ecnupress.com.cn
电　　话 021-60821666 行政传真 021-62572105
客服电话 021-62865537（兼传真）
门市（邮购）电话 021-62869887
门市地址 上海市中山北路 3663 号华东师范大学校内先锋路口
网　　店 http://hdsdcbs.tmall.com

印刷者 山东德州新华印务有限责任公司
开　本 890×1240 32 开
印　张 7.5
字　数 72.5 千字
版　次 2014 年 4 月第 1 版
印　次 2014 年 4 月第 1 次
书　号 ISBN 978-7-5675-1576-5/G·7095
定　价 28.00 元

出版人 朱杰人

家庭教育力，妈妈说了算

我曾就教育问题和小学、初中的考试情况，采访过很多老师，他们几乎异口同声地告诉我：“现在的日本家庭，教育能力大不如前。”

有些家长能确保孩子的学习时间，另一些却放任自流。

有些家长重视礼仪和家教，另一些却大而化之。

有些家长尽量抽时间和孩子交流，另一些却听之任之。

事实上，如今的日本社会，教育的结果两极分化，比起以前，很多家庭在学习、礼仪和亲子交流方面都令人失望。

以下的调查结果，也印证了这一点。

◆ 东京大学大学院教育研究科基础学力研究开发中心《学力问题相关的全国性调查》（2006 年，调查对象为校长以下教员）

◎ 家庭教育力的变化

· 上升　　1.7%

· 不变　　8.4%

· 下降　　　　　　　　89.9%

◎　家庭中欠缺礼貌教育的现象

· 不严重　　　　　　　0.6%

· 不太严重　　　　　　9.0%

· 比较严重　　　　　　51.6%

· 非常严重　　　　　　38.8%

◎　存在不具备教育能力的家庭

· 不严重　　　　　　　0.8%

· 不太严重　　　　　　9.4%

· 比较严重　　　　　　41.8%

· 非常严重　　　　　　48%

从上述数据可见，每一项都有接近九成的教师对于“家庭教育力”有着“日益弱化”、“问题严重”的印象。

当然，孩子在成长过程中，将会经历学校教育、家庭教育、社会教育，有时还需要念念补习班，上上兴趣班，但从时间长度来看，学校教育与家庭教育最为重要。

对于目前的教育，我感到隐约的不安：学校实行的是快乐教育，本应充满竞争意识的学校，已经进行了结构性改革，若是家庭教育再失去力量，孩子们将来会变成什么样呢？

这正是我撰写本书的初衷。

本人的拙作——《爸爸好习惯，孩子好成绩》有幸受到广大读者的喜爱和认可，迄今为止，我也主要着眼于父亲在儿童教育中的作用。

但是，一般情况下，妈妈与孩子的接触和交流更为频繁，精神层面也更加亲密。

◆ 内阁府《低龄少年的生活与意识相关调查》（2007 年，调查对象为小学四年级至初中三年级男女学生）

◎ 对家长的看法

· 父亲能理解自己的心情　27.2%

· 母亲能理解自己的心情　40.8%

◎ 烦恼时的倾诉对象（复选）

（小学生）第一名：母亲　74.4%

第二名: 同性朋友 48.2%

第三名: 父亲 34.3%

(初中生) 第一名: 同性朋友 69.8%

第二名: 母亲 54.5%

第三名: 父亲 24.4%

正如调查结果所示，孩子们与母亲的亲密程度要远超父亲，那么，妈妈们应该怎么做，才能更好地帮助孩子成长呢？我希望通过本书，将采访获得的信息及经验与大家分享，这也是我写作本书的出发点。另外，在讲演会现场以及与学校教育相关人士座谈时，很多人都鼓励我说："除了以爸爸为对象的书之外，希望你也能写本给妈妈看的书！"，或者"特别是即将从儿童成长为少年的，小学中高年级孩子的妈妈们，非常需要一本有参考价值的书。"听了他们的话，我打心眼里感到高兴，非常感谢大家的信任。

具体的内容，我将在正文中逐步阐述。我认为，如果想让孩子充分发挥自己的各种天赋才能，首先，需要把他培养成"坦率诚恳的人"和"有忍耐力的人"。

与此同时，培养一个"孩子气的人"——充满朝气、双眼闪烁着好奇光芒的人，也是重中之重。

在以上三点的基础上，鼓励孩子用自己的头脑去思考，积极进取，促使他产生“干劲”，才能逐步提高孩子的学习能力——这也是绝大多数家长最为看重的能力。

基于以上目的，我为大家提供了五个章节的内容。

· 如何让孩子成为“坦率诚恳的人”、“有忍耐力的人”；

· 如何让孩子成为朝气蓬勃、精神抖擞的人；

· 如何促使孩子鼓足“干劲”；

· 如何提升“好成绩”的基础——学习能力；

· 职业女性如何让工作成为教育孩子的工具。

最后一章，是基于当今日本社会的现实而写。越来越多的日本女性在结婚生子之后，即使不再拥有正式工作，也会以派遣职员或兼职员工的身份继续工作。希望大家读过本书后，能够在做个好妈妈的同时，也成为好员工。

五大章总共包括了 60 小节。

所有这些建议都不需要任何成本，任何人都可以立刻着手实践，希望读者能够亲身体会到某些实效。

我自己也是父亲，也把本书推荐给了妻子阅读。我希望能和大家一起，从生活习惯和家庭环境着手，把孩子培养成综合素质较高的人。

清水克彦

目录

第1章

妈妈好习惯，孩子更诚恳

1 坦率诚恳、有忍耐力的孩子前途光明

作为广播台记者和制作人，我曾采访过政界、财界及体育界的众多成功人士，在此期间，我注意到性格坦率诚恳的人，以及在特别艰难的境况下能够咬牙忍耐的人，往往最终获得了成功。

这些大人物之中，当然也有个性强硬、唯我独尊之人，但大多数功成名就者，当我向他们提出节目制作的要求时，都会毫不矫饰地表示：“有什么话请直说，不要客气。”他们还经常谦虚地向我征求意见和建议。

我和他们一起开讨论会，询问他们成功道路上的经历，发现他们几乎都曾历经艰难险阻。为了越过眼前的阻碍，他们无不咬紧牙关，多次尝试，最终克服了困难。

迄今为止，我与社会各界的成功人士进行过大量交流，我发现，若想将孩子培养得聪明沉稳，能够在竞争激烈的社会中占据一席之地，那么，坦率诚恳的性格和忍耐力，将是不可缺少的重要素质。

性格坦率而不矫饰，就能虚心听取父母、老师乃至周围人的教导。

“每天的复习是很重要的积累，所以每天都要做些算术和写字题哦。”

“左侧运球最好再多练练。”

无论是学习还是运动方面，如果孩子能虚心听取周围人的建议，他就能学得更快更好。

而且，虚心坦率的孩子容易受到大家的喜爱，他所获得的指导，可能比倔强的孩子或是有强烈逆反心理的孩子更仔细和认真。

忍耐力，对于孩子来说，也是非常重要的优点。

虽说孩子的本性就是“吃”、“睡”和“玩”，但如果他能暂时克制这些念头，养成先把该做的事情做好的习惯，那么他就有很大机会来充分发展自身的天赋才能。

“在外面玩得很累了，不过，这个还是要先做好的。”

“朋友对我说了过分的话，但是，我不和他吵架。”

如果孩子能像上述那样控制自己的情绪，那么，不但对他的成绩提升有帮助，而且这样的孩子，在成长过程中不太会发生自暴自弃及过激的行为。

培养孩子坦率的性格及忍耐力，对他的一生来说都是益处良多。我真心希望所有的妈妈都能朝这个方向努力。

本章，首先从培养坦率诚恳的孩子这个部分开始。

在此，我想介绍一种方法。该方法名为“COACHING”，曾被用于企业人才培养和员工能力开发，主要包括“倾听”、“提问”、“承认”、“提案”四个部分。

其中的“倾听”部分，顾名思义，就是要求妈妈认真听孩子说话，并且对他们的话语表示兴趣和理解。

“是啊，蛮伤心的。如果妈妈碰到这样的事，也会伤心呢。”

无论谈话内容如何，妈妈一定要站在孩子的立场上倾听他说话，并采取一同思考的姿态。

接下来是“提问”。也就是说，尽可能以提问的方式对孩子讲话，并且让孩子回答得越复杂越好。

“那么，你是怎么想的呢？”

“接下来，应该怎么办才好呢？”

类似这样，抛个问题给他，让孩子经过思考，自己说出答案。当然，妈妈也可以温柔地提些建议。

第三项是“承认”。也就是赞扬孩子和承认孩子的能力。

“真是帮了妈妈大忙啦！宝宝做得真好！”

“宝宝真是个善良的孩子，妈妈太爱你啦！”

就像这样，对孩子的行为进行正面评价，对孩子予以肯定。

第四项“提案”，并非要让妈妈对孩子下命令、作指示，而是促使孩子自己判断应该采取怎样的行动。

比如，不要命令孩子“早点睡觉”，而换一种询问的方式：“今天这么晚了还不睡，明天早上你确定能起得来吗？”如此一来，就能促使孩子自行决定何时睡觉。

妈妈如果能好好利用“倾听”、“提问”、“承认”、“提案”这四大法宝，孩子就会感觉到“妈妈很爱我”、“妈妈在守护着我”。

孩子天生就愿意和妈妈交流，只要妈妈表现出接纳他的姿态，渐渐地，他就会与妈妈无话不谈，并且乐意听从妈妈的建议。

2 赞扬，让孩子更诚恳

要让孩子坦率诚恳，妈妈也要注意自身的日常言行。

因为，妈妈无意中说的一句话，既可能令孩子心花怒放，也可能令孩子伤心难过。

在我为电台工作的时候，曾就考试情况采访过很多小学，我问那些小学生："爸爸妈妈怎样说会让你感到开心？"他们给我列举了以下这些"基本赞扬"：

· 谢谢 =［帮妈妈做事，谢谢你啦］
· 真是个好孩子 =［某某宝贝，你真是妈妈的好孩子］
· 有进步哦 =［比起以前来，进步很大哦］
· 了不起 =［一直坚持努力到最后，真是了不起］
· 真有趣 =［你的想法，真是太有意思了］

上述这些赞扬语对孩子来说，就是"对自己的认可"，使孩子意识到“妈妈愿意接受这样的我”，从而在孩子心中播下自信的种子。

我希望每位妈妈在和孩子的日常交谈中，能够多使用上述赞扬语。

“谢谢”，表达了妈妈对孩子行为的感谢之情，而“真是个好孩子”，则表达了对孩子性格的肯定，“有进步哦”、“真了不起”、“真有趣”则能赋予孩子更多的信心。

妈妈多使用赞扬语，能帮助孩子稳定情绪，增加对自我价值的肯定。

无论哪个孩子，都“希望爸爸妈妈认可我”、“希望得到更多的赞扬”，也正因为如此，孩子们常会担心：“他们真的认为我做得对吗？”、“他们真的接受我吗？”作为家长，就应通过大量的赞扬，让孩子感到安心。

由于孩子最依恋的就是妈妈，当妈妈不时夸赞“你真是个好孩子”、“真了不起”时，孩子会更加喜欢自己。同时，他也会对如此重视和关怀自己的妈妈怀有更深的爱意。

这也是培养坦率诚恳的孩子的不二法则。

以下再来列举一些在采访中，孩子们表示“爸爸妈妈这样说，会让我们很厌恶”的语句：

· 你真是个大傻瓜！

· 你做啥都不行！

· 快点快点！

· 适可而止吧！

· 不让你进家门了！

· 妈妈（爸爸）再也不管你了！

· 我不是早就说过了吗？！

· 你要好好听话啊！

· 我不认你这个孩子了！

· 姐姐会，你为什么就是不会啊？！

上述语句，会令孩子的心灵沉入黑暗之中，甚至令他们对父母产生逆反心理，所以父母要绝对避免使用。

“真傻”、“做啥都不行”，整体否定了孩子存在的必要性。“做快点”、“适可而止吧”，唯一的作用就是令孩子心理上承受无法言喻的压力。

“不让你进家门”、“不管你了”、“不认你这个孩子了”，只会带来负面效果——让孩子痛感被父母拒之门外之苦。

而再三重复“我不是早就说过了吗”、“你要好好听话”，只能让孩子越来越无法诚恳地承认“妈妈说的话，的确是对的”。

生活在充斥着消极语汇的家庭环境中，孩子很容易丧失自信，并开始厌恶自己。

结果，孩子很快就放弃努力，开始反抗家长。为避免出现这样的情形，请妈妈务必切记：赞扬在孩子的生活中如同阳光一样必不可少。

3 妈妈自己绝不找借口

我作为记者，曾针对“政治献金”问题采访过某些企业界人士，其中有相当一部分人，即使自己有明显错误也不肯诚恳地承认，更不肯道歉，而是欲盖弥彰地竭力掩饰。

我就坐在近处，看着这些成年人的表情——当时我真切地感到：千万不能让我们的下一代，不能让我们的孩子看到成年人的这样一副嘴脸。同时我也下定决心：一定要让自己的孩子，成为一个知错能改的诚恳之人。

为此，做父母的，就要避免在孩子面前寻找借口。

特别是做妈妈的。因为比起爸爸来，孩子跟妈妈接触和交流的时间更长，观察得也更仔细，而且，孩子往往在不知不觉中，模仿起妈妈的一言一行。

俗话说“有其母必有其子”。由此可见，妈妈的言行举止，对孩子的影响有多大。

所以，如果妈妈总是为自己的失败和错误找借口，拼命为自己开脱，孩子也有可能变成这样。例如：

“都是因为好久不见的朋友打来了电话，说得开心，忘记关灶上的火，意大利面才会涨开来。”

“谁也没告诉我今天会下雨，结果晾在外面的衣服都淋湿啦。”

如果妈妈在家庭生活中，总是找借口推托责任，那么她身边的孩子一旦犯错，就很难诚恳地认错，而是习惯于把责任转嫁给他人。

勇于承担责任的妈妈，应该这样说：

“妈妈打电话的时间太长了，所以意大利面都涨开啦。对不起。”

“妈妈没注意到下雨了，结果晒在外面的衣服都淋湿啦，对不起！”

只有妈妈能够诚恳地承认错误，才有可能培养出性格坦率诚恳的孩子。

孩子天生爱推卸责任。他们常会说“某某小朋友骂我，所以才吵架了”，“都是某某小朋友的错，害得我忘带东西了”，说这些目的就是为了粉饰自己的错误。

如果听之任之，放任自流，他们就有可能成长为本节最初叙述的那种只想着文过饰非、永远不肯道歉的成年人，所以，妈妈最好在孩子的小学阶段就做个好榜样，帮助孩子学会诚恳地承认自己的失败和错误。

为了达到这个目标，妈妈还必须做到不因孩子失败而斥责，不因孩子犯错而责骂。

千万不能让孩子心怀恐惧，认为“如果我说实话，就会挨一顿狠骂”。如果孩子能够坦承错误，别忘了及时表扬，鼓励他从失败中学到有用的东西。

更进一步，妈妈们千万注意不要主动替孩子找借口。

“对啦，前几天发烧了嘛，所以才会这样。”

“正好你们的对手球队里有个出色的投球手，怪不得这次输了。”

妈妈们潜意识里总想庇护孩子，所以经常随口就替孩子找借口，诸如“考试失败是因为前几天发烧”、“棒球比赛失败则是因为对方球队里有个厉害的投手”等等，一旦形成习惯，孩子就会以为：“即使失败了，妈妈也会帮我找理由。”从而不再把失败和错误当作自己应该承担的后果。

虚心听取周围人的教诲和建议，是为诚恳。

承认己非，痛快道歉，亦为诚恳。

这一习惯，能促使人们从失败中吸取教训，获得积极向上的力量。妈妈们，先从自身做起，不要再为自己找任何借口啦。

4 培养主动问好的孩子

“能主动问好的孩子，学习能力肯定强！”

我曾在东京都的 JR 电车车厢里，看到过以上这条培训机构的广告。

我在对“幼升小、小升初考试现状”进行采访时发现：越是能主动问好的孩子，其表达能力就越强，好奇心也越旺盛。他们的父母，正如成功地教育孩子主动问好一样，也成功地培养了孩子规范的生活习惯和学习习惯。几乎可以说：主动问好的孩子 = 聪明的孩子。

我又想到，在更高的概率上，是否也可以说：主动问好的孩子 = 坦率诚恳的孩子？

我曾在拙作和演讲中，不止一次地提到“基本问候语”。这些问候语，能够帮助孩子变得坦率诚恳，更奇妙的是，它们甚至能提高孩子的学习能力。

它们是：早上好、非常感谢、不好意思、对不起。

“基本问候语”是以上语句的总称，它们的作用分别是：令对话双方心情明朗愉快起来、表达感谢之意、表达对别人的关心和顾虑、培育诚恳正直的心灵，它们组成了人际交流和沟通的原点。

看到这里，可能有读者会问：“为什么这些语句就能够让孩子变得诚恳坦率呢？”

首先，除“早上好”以外，还有“你好”、“晚上好”等问候语，它们代表着你确认对方的存在，表达亲近感和希望与对方友好相处的愿望。

这样的问候语，对长辈表达的是敬意，而对于平辈，就表达了“今天又见面了，希望这一天当中，我们都能顺利愉快相处”的意愿。只要充满朝气、真心诚意地大声说句“早上好”，不但令听到的人心情愉快，孩子自己也会在心中自然地喊道：“新的一天，加油！”

接下来，谈谈“非常感谢”这个词。

我担任过不少节目的评论员和解说员，意外地发现：“非常感谢”一词，竟不是那么容易说出口的。

如果说得太快，后半句就会变得虎头蛇尾，声音越来越小，有时听不清楚，或是听不完整。

日语和英语不一样，每个音都必须发得很清楚，对方才能听得明白。单是“感谢”一词的日文发音足有10个音节，每个音都要清清楚楚，这一点很重要。

理所当然，为此，我们必须看着对方的脸，同时礼貌地将这个词从头说到尾，明朗而愉快地表达自己的感激之情。

接下来的“不好意思”，可表达对对方的关心，也可谓是对现场气氛有所把握的标志。

为避免孩子成为眼中只有自己的人，为了将孩子培养成善于把握气氛，知道何时适合与别人搭话、何时适合插话的人，妈妈应该在日常生活中多多教给孩子“不好意思”一词的正确使用环境。

最后的“对不起”，则是让孩子学会坦率诚恳的第一步。

正如刚才所述，即使老师和教练提出了如何切中要害的建议，如果孩子不以为然，或是觉得“真啰嗦”，连听都懒得听，那么，无论孩子有多高的天赋，他最终还是难以充分发挥自己的才能。

所以，必须首先培养孩子正确认识自己错误的意识，教育孩子在发觉自身问题后要诚恳认错，学会说“对不起”。

当然，没有一个孩子能独自长大成人，任何人都必须借助老师、父母和周围人的力量，在学习中成长。

在这一过程中，我们使用的“基本问候语”，有助于令人际沟通更顺畅，并能够接通令孩子心灵向上发展的途径。

这些问候语的习得，最主要靠日常生活的培养。如果希望孩子养成使用问候语的好习惯，每天陪伴他们的妈妈，就必须首先积极地使用它们。

如此一来，孩子也会在妈妈的影响下，在使用基本问候语的过程中，逐渐长成一位谦虚正直、礼貌规范、受大家喜爱的人。

5 “帅气”、“可爱”令孩子更坦率

东京都教育委员会在2008年对都内中小学生实施了“自我肯定感相关意识调查”，其结果表明：随着年龄增长，越来越多的孩子不再喜欢自己。

小学一年级学生中，对于“是否喜欢自己”这个问题，有84%给出了肯定的答案，到了小学六年级，就只有59%回答“是”了。而中学阶段，超过半数的学生回答“不喜欢自己”或是“相对而言，不太喜欢自己”。

同时，UNISEB对经合组织成员国15岁少年实施的调查（2007年发表）表明：“感到孤独”的孩子，在日本达到29.8%，远超其他成员国，稳居第一。

孩子们无法自我肯定，生活得很孤独。虽然这不见得是所有日本孩子共同的状态，但是，每个妈妈都应该积极地去解决这个问题。

为此，妈妈一定要多多肯定和表扬自己的孩子。

前面我们介绍了一些“基本赞扬语”，这里再来看一些能让孩子确认自己被妈妈接受的赞扬语。

- 不愧，到底是 = “到底是某某宝贝，干得好！”
- 简直不敢相信 = “算术算得这么快，真是不敢相信。”
- 太厉害了 = “这么短的时间学会这么多，太厉害了。”
- 特意 = “特意这么早起来，真是努力。”
- 你说得对 = “你说得对，正如某某宝贝你说的那样。”

以上语句，能够提高孩子的自我肯定感，减轻他们的孤独感。如果妈妈能够做到赞扬孩子的努力、慰劳孩子的疲惫、尊重孩子的意见、避免孩子丧失自我肯定感和感觉到孤独，孩子的心情就能保持平静，对妈妈的意见也就更容易耐心地听取和接受。

更简单的赞语是：可爱、帅气。

“可爱”主要适合女孩子，“帅气”则适合男孩子。

男孩子大多好奇心旺盛，常常冒冒失失的，只顾追逐自己感兴趣的目标——这可谓男孩子的共性。

不过，他们也会在意女孩子们对自己的看法，以及父母对自己的评价，这可以说是男孩子的细腻之处。

做父母的，要多多理解小男生们的心思，为了培养出坦率诚恳的孩子，切记把“帅气”这一关键词时常挂在嘴边。

“不怕困难，坚持到最后，这样的男孩子，很帅哦！”

“数理化学得好的男孩子，很帅哦！”

多用“帅气”一词施加刺激，其影响会直接由耳至心。

同样，对于女孩子来说，“可爱”一词就是“杀手锏”。因为，女孩子的力量源泉来自感性，而非好奇心。

“你真是个可爱的女孩儿。”

“妈妈能有你这样可爱的女儿，真是幸运！”

妈妈不断向女儿灌输“你很可爱”的暗示，让孩子心情平和，她在将来就能真正成长为诚恳可爱的女性。

“可爱”也好，“帅气”也罢，这些褒扬的词汇，不但有助于让孩子变得坦率诚恳，还有助于他们在成长过程中培养出正确的判断标准。

现代社会多姿多彩，对于事物好坏及其价值判断的标准也在发生着剧烈变化。为了避免孩子迷失在纷繁复杂的社会中，妈妈必须和爸爸携手，好好地引导孩子，否则，孩子一旦迷路，很难返回。

“孩子，你现在做的事情，别人会觉得很‘帅气’吗？”

“女儿，你觉得这样的事，是可爱又出色的女孩愿意做的吗？”

当孩子犯错或是违反了社会规则时，利用褒扬的词汇来批评他，或许比直接斥责更容易在孩子心中留下烙印。

6 多在他人面前赞扬自己的孩子吧

前面我介绍过，小学生对于“爸爸妈妈怎样说会让你感到开心”这个问题的回答，而对于“爸爸妈妈怎样说会让你厌恶”这个问题，他们的回答如下：

“快做功课！”

“为什么你做不好？”

另外，当有孩子说非常不喜欢父母在别人面前贬低自己时，其他孩子立刻异口同声地表示赞同。

当爸爸或妈妈对别人说“我家这个孩子啊，做啥都不行”或“他就是成绩差”时，孩子听了，会立刻心生厌恶。

说来，当我们带孩子跟朋友见面时，对方常会客气地说：“哇，长这么大啦？成绩一定很不错吧？”而我们往往回答：“没有没有，没啥好的。”或说：“他啊，光是个子大，成绩很一般啦。”

做父母的，认为谦虚是理所当然的，同时也希望孩子不要因为受表扬而骄傲，但从孩子的角度来看，却会把父母的话当真，并受到深深的伤害。

有时，别人表扬孩子的性格说："真是个稳重的好孩子。"可妈妈却会说："没有啦，还像个小孩子一样，我还嫌他麻烦呢。"或说："他也不稳重的，很任性呢。"

孩子还无法分辨成年人的"内外有别"，会以为"妈妈真是这样看待我的"。

到了小学高年级和中学阶段，孩子渐渐长大，也认识到了自己的一些缺点，如果父母在别人面前强调孩子的短处，他们会感到自尊心受到伤害，甚至品尝到无以承受的苦涩屈辱感。

无论父母在家里如何鼓励孩子，如果他们在人前随意批评孩子，就很有可能导致孩子产生困惑："妈妈究竟怎么看我？"

接下来请看内阁府以小学四年级至初中三年级学生为对象所做的一项调查的结果。

◆ 内阁府"低龄少年的生活及意识相关调查"(2007年)

◎ 母亲对孩子情况的认知度

· 学校成绩	知道	88.3%
· 朋友名字	知道	53.0%
· 学校的学习内容	知道	17.0%
· 孩子的困惑和烦恼	知道	10.4%

由此可见，大部分妈妈知道孩子在学校的成绩如何，但对于学习内容及孩子内心的苦恼，认知度就没那么高了。

调查也统计了父亲的相关数据，不过，他们对于孩子的认知度，比妈妈们还要低。

事实上，孩子最希望一直伴随身边的妈妈，能够给自己多一些理解。如果妈妈言谈中总是流露出消极评价，孩子就很难成长为坦率诚恳的人，甚至有可能产生对父母的不满，从而深感孤独。

我认为，在听到别人赞扬自家孩子时，不必过度谦虚，完全可以毫不矫饰地回答：

“谢谢您对我孩子的赞扬。”

“可能我属于疼爱孩子的妈妈吧，不过真心觉得孩子优点不少。”

“我们家孩子的确很努力，做什么都全力以赴，我真为他感到骄傲呢。”

听到妈妈的赞扬，孩子一定会充满力量。他会感到妈妈一直在关注我、鼓励我；他会愿意听从妈妈的建议，积极地把自己的优势和长处完全发挥出来。

就我自己而言，当有人表扬我女儿“一看就是个聪明的小姑娘”时，我总是回答：“这孩子学习和体育都很努力，我很为她骄傲的。”当有人表扬她的外表，说她“真是个可爱的姑娘”时，我则诚挚地回答：“谢谢，女儿就是我的宝贝。”

结果，我女儿现在跟父母都非常亲密。所以，希望每位家长都能够避免在人前贬低孩子，并养成在人前表扬自家孩子的习惯。

孩子撒谎时，站在他的立场想想看

孩子的举动，往往包含着特殊的信息。

例如，他们总有一段时间会特别爱撒娇。从我的个人经验来说，每当觉得女儿“最近好像特别黏人”时，她不是在学校跟朋友闹不愉快了，就是在参加主持人或接力赛选拔时落选了——多数是她特别没有自信的时候。

因此，妈妈要特别注意观察孩子的言行举止，看看是否有特殊的变化：孩子有没有突然变得爱发嗲，或是粗暴任性，笑容减少？孩子不见得什么都愿意说，所以妈妈必须保持观察孩子“肢体语言”的习惯。

而孩子“语言”中的信息，以“谎言”最为典型。

说谎当然不是好事，但我们不能简单粗暴地斥责孩子，而首先要仔细确认他说谎的原因是什么。

事实上，孩子说的谎言有各种类型，至少可以分为以下三种：

· 试图掩盖自己的失败和错误的谎言
· 将自己无法实现的愿望说成事实的谎言
· 试图吸引父母关心而说的谎言

我自己小时候也曾为“试图掩盖失败”而说谎，这种谎言对于孩子来说，可谓频率最高。

如果父母过分期待子女“成为好孩子”、“成为聪明孩子”，而子女却又无法满足他们的期望，就会导致孩子拼命试图掩盖和模糊这个事实，因为孩子不希望父母看到自己不如人意的一面。

我在读小学的时候，也曾脱口而出这样的话：

“班上同学，没有一个人能做‘翻上’这个体操动作的。”

“这次考试，班上没有一个满分，大家都和我差不多，五十几分。”

当时，我已能感觉父母的期望，所以，做不了“翻上”，自己也感到羞耻。父母希望我考 90 分以上，可只有 60 分，根本没脸给他们看。

如果做父母的不希望自己的孩子受这种折磨，妈妈平时就应该向孩子传达这样的信息：“不是每个人都能做好每件事，这个项目的成绩，就让它去吧。”或说：“下次好好努力，一定能有好的结果。”

第二种谎言是“将愿望说成事实”。

比方说，将班级全体同学都能完成的任务，说成只有自己一个人能完成；明明在体育比赛的选拔中落选了，却告诉妈妈自己入选了。

如果妈妈判定孩子在说谎，一定要严肃地表达对谎言的不满，然后再表达对孩子的理解：“你是很想当第一，是吗？那么，下次拼命努力，真的拿个第一回来吧！”或者说：“想参加比赛是吗？那妈妈也和你一起练习吧。下次肯定能入选！”孩子的谎言，正是他的梦想，妈妈不妨帮助孩子实现这些梦想。

第三种谎言的目的是“吸引父母关心”。

孩子常会说“肚子好痛”，或是叫嚷着“我东西掉啦”。

无论何种情况，这一类型的谎言都是起因于寂寞、恐惧和不安。妈妈应该尽可能地多陪陪孩子，紧紧地抱抱他们，并告诉孩子：“妈妈永远陪在你身边。”

8 让孩子每天坚持做一件事

有关如何培养一个坦率诚恳的孩子，我已经向诸位妈妈提出了一些建议。接下来，我想继续跟大家谈谈如何才能培养出一个有忍耐力的孩子的问题。

我最推崇的办法，就是督促孩子每天坚持做一件事。

当孩子还没养成良好的学习习惯时，如果父母总是“勉强”他学习，孩子就会觉得学习本身令人厌烦。那么，怎样才能使孩子对学习产生兴趣，从而养成良好习惯？或至少，不产生厌倦感呢？

“这孩子，叫他学什么，都是三天热度，坚持不下去。”

“我希望他自觉学习，可他老是想着玩，真是拿他没辙！”

不少妈妈都有上述烦恼，不妨尝试以下方法：

· 每天在固定时间、固定地点，让孩子学习 5 分钟

（做数学题、练习写字等）。

· 让孩子坚持每天写日记，再短都不要紧。

· 让孩子每天坚持选做一件简单的家务事，如，整理书桌、收拾碗筷、给花浇水、照顾宠物等。

在做练习题时，妈妈可以帮助孩子计时，根据他的正确率，让他把他的段位一级一级升上去，提高学习的趣味性。

写日记也一样，让孩子写长篇大论，他们肯定会觉得痛苦，所以，不妨从三五行字的小短文开始吧。别忘了多表扬孩子："写得不错！"

在家中，妈妈可以和孩子一起讨论，确定一件稍费精力的事情，然后让孩子每天坚持不懈地完成它。

无论是儿童节还是春节，都不能随便中止，一定要持续进行。

如此一来，孩子每天一到时间，就会自然打开练习本或日记本，如果有一天没有做这件事，甚至会觉得特别不安。习惯成自然之后，无论是整理书桌还是给花浇水，都将变成自发的行为。

有时孩子也会懈怠：“今天什么也懒得做，就这么睡觉吧。”

不过，习惯的力量巨大，别的不做可以，唯有妈妈规定的这件事，不做就会心神不宁。可见让孩子坚持不懈地重复某件简单的任务，是帮助他提高忍耐力的第一步。

另外，每天坚持做某件事，也就是不断地重复体会小小的成功或失败，是积累经验的好办法。

完成了一本练习册或写完了一本日记本，成就感油然而生；每天浇灌的花儿盛开，令人感受到自己培育花朵的满足感，孩子对花儿也会更加爱护。

对于孩子来说，这些小小的成就感和满足感，会带给他们自信，让他们充满力量地迎接下一个挑战：“接下来，我要完成更高难度的任务啦！”

那么，如果孩子遇到了失败呢？例如，“就差 5 分钟，小练习没能按时完成”，或者“忘记浇水，植物枯萎了”，这种时候，妈妈别忘了提醒孩子：“发生这样的事，你接下来应该怎么做呢？”让孩子勇敢面对挫折，并积极考虑对策：“我下次会更加集中精神。”或“以后，我一回家就立刻给花浇水，这样就不会忘了。”

持续不断做某事的习惯，有助于培养孩子“不抛弃、不放弃”的精神，让他成为一个能够坚持不懈的人。每天，让孩子坚持完成一两项固定的任务吧，这将给他的人生和未来带来莫大的好处。

9 不讨好孩子，不在气势上被孩子压制

我的看法是：“孩子的人生中所必需的各种能力，基本都应该由父母负责培养。”但这并不意味着父母应该包办一切，为孩子铺好面前的路。

事实上，我非常希望家长能够积极培养孩子的独立性。我认为父母都应“不讨好孩子”、“不在气势上输给孩子”、“不让孩子成为‘小皇帝’”。

前文中，我提到过一些赞扬语以及“可爱”、“帅气”之类的形容词，有助于培养孩子坦率诚恳的性格。而为了培养孩子的忍耐力，为了让孩子在特别想要放弃的时候也能咬紧牙关坚持到底，父母有时需要表现得毅然决然、果断决绝。

◎ 学习方面

· 当孩子由于不够努力，成绩下降，却把这种现状

归因于外界时；

· 当孩子认为“只要我在学习，你就不能因为任何其他错误指责我”时；

· 当孩子一遇到难题就立刻举手投降，或是经常轻易放弃自己树立的目标时。

◎ 生活方面

· 提醒多次以后，孩子仍拒绝向别人问好，或是在公共交通工具上的礼貌仍有欠缺时；

· 当孩子违反了“一天只能看一小时电视”、“玩游戏只限周六”、“早上六点起床”等规定时；

· 玩过的玩具散落一地，吃饭时筷子落地也不去拣拾时。

以上场合，妈妈一定要严肃地告诉孩子这样做的坏处，而且态度一定要坚决。

如果孩子仍不改正错误，妈妈就要求助于更有威信的爸爸，让他毫不留情地教育孩子。

但是，在任何时候，父母都不要感情用事地大发雷霆，绝对禁止任何否定孩子人格和存在价值的斥责。不妨反问孩子：

“你老是半途而废，长大以后上班了，该怎么办呢？”

“你这么闹腾，周围安安静静的人会怎么想？”

这样的责问，能够促使孩子开动想象力，关注他人的心情。每个家长，都应该直视孩子的双眼，根据各个家庭的判断标准批评他们。

此时，严禁家长“翻旧账”和“啰嗦”。对孩子的批评也应“短小精悍”，不要令孩子心中留下阴影。

有时候，孩子想让妈妈给自己买游戏机或手机，不买就闹，掌握着经济大权的父母完全可以直截了当地表示：“我们家的规矩是，不给孩子买那种东西的。”或“那么贵的东西，等你能自食其力之后，用自己的钱买吧。”

总之，妈妈要让孩子了解自己家的教育方针。

10 应该是孩子做的事，绝不插手帮助

我曾采访过一些家庭，他们家的孩子都考取了东京都屈指可数的著名中学。其中大多数家长都表示："只要是孩子自己的事，都会让他放手去做。"

比方说收拾书桌、清洗拖鞋、整理第二天去学校或培训机构要用的书包等，都是孩子能够完成的任务。

诸位妈妈读者，你们是否帮孩子做了太多的事呢？如果妈妈总是大包大揽，久而久之，孩子就会习以为常，因为"反正妈妈会包办一切"。长此以往，孩子会越来越无能，离开父母就一无是处。

如果希望避免出现这样的结果，妈妈们就千万不要抢着帮忙。应该是孩子自己做的事，或是凭孩子的能力足以完成的任务，就交给他们自己解决吧。

· 收拾书桌 = 妈妈可以把收拾桌子的方法教给孩子，然后

就让孩子自己思考：为了方便取用，方便了解物品摆放位置，应该怎样整理？

· 清洗拖鞋及运动服＝一边调整水和洗涤剂的用量，一边教孩子学习怎么洗。

· 整理书包＝让孩子首先确认次日的课程内容。当要去参加校外补习班或远足时，更要让孩子思考：带什么去有用，带什么去又重又无用？

正如上文所说，妈妈们该放手就要放手，该推脱就要推脱，让孩子自己开动脑筋思考。

收拾东西是非常麻烦的任务，洗鞋子、整理书包对于孩子来说，或许也是非常无聊的事情，让孩子面对这一切，能够促使他养成直面眼前问题的好习惯。

当孩子明白“这是自己的任务，不能放弃、不能逃避，也无法依赖他人，只能靠自己”时，他的精神将逐渐变得强韧，忍耐力也会更强。

然而在现实生活中，父母为子女代劳的现象可谓层出不穷。

在快餐厅和回转寿司连锁店，常能看到爸爸或妈妈带着读小学的孩子点餐的情形。

“爸爸，我要虾和金枪鱼。”

“虾和金枪鱼？每样一碟好吗？服务员！虾和金枪鱼各一碟。别放芥末。”

基本上就是这样的对话。

而在商场和文化中心，也能看到妈妈们代替孩子向工作人员询问：“请问卫生间在哪里？”

在孩子读幼儿园时期，这种做法还无可厚非，但当孩子上了小学，就应该尽量避免了。

父母的关怀照顾越是无微不至，孩子就越难拥有独立性。为了使孩子今后能够在竞争激烈的社会上立足，理所当然要从小培养孩子“自己的事情自己做”的能力，这一点，妈妈们在日常生活中一定要注意。

11 督促孩子遵守约定和规则

培养孩子的忍耐力，有一个非常重要的要素：督促孩子遵守约定和规则。

如前所述，孩子是一种容易任性而为的“生物”：他们往往按照自己“想要吃”、“想要睡”、“想要玩”的欲望而任意行动。

输了比赛，或是受到成绩下降的打击时，孩子当时或许会下这样的决心：

“输了比赛，真窝囊！下次好好练习，争取有个好成绩吧！”

“考试成绩下降了，下次努力学习，提高成绩！”

但是几天以后，孩子的决心就动摇了，人也懈怠了。

这就是孩子的天性，无需指责。即使再怎么训斥，这一天性也很难改变，所以还是省省力气吧。不妨换种方式，让孩子跟爸爸妈妈做个约定，或是确定一些规则，来帮助孩子进步。

“无论有多好看的节目，看电视绝对不能超过两小时。”

“每天要坚持做算术题。”

“在功课和钢琴练习没有完成之前，不可以玩游戏。”

在每个家庭里，父母和子女之间都有着各自多种多样的约定。不管具体内容如何，在做约定时，最好让孩子自己做决定，而且，一开始不要把目标定得过高。

让孩子做决定，是为了让他们体会到责任感，而一开始不定过高的目标，是因为如果孩子无法完成约定，反而会不把它们当回事。一开始做一些容易完成的约定，能够帮助孩子养成实实在在履行责任的好习惯。

所谓忍耐力，既不是“爸爸妈妈说了，所以我只能不甘心不情愿地忍下来”，也不是“现实就是如此，只好放弃抵抗，选择忍耐”。

“为了完成○○，虽然现在想要◎◎，我还是决定先忍一忍。”

“○○是我的梦想，为了实现这个目标，我现在先不玩耍，优先做◎◎。”

为此，我们应该让孩子掌握约定和规则的主导权，然后从能够完成的步骤开始向前努力。

不过，无论约定和规则如何，坚持遵守是最重要的。

例如，规定了每天要练习写字，但孩子在外面玩累了，肯定很想偷懒。规定了每天晚上 9 点睡觉，可一旦有好看的电视节目，或许会推迟到 10 点甚至 11 点才睡。

当孩子违反约定时，一定要好好教育，让孩子将“约定一定要遵守”、“你必须有忍耐力”等要求烙入脑海。

采访了那么多家庭，我非常明白，为了考取重点高中和大学，甚至重点初中，孩子们忍着疲劳，揉着惺忪睡眼，坐在书桌前，努力了多少个日夜。

而那些出现在奥运赛场上的运动员们，十年如一日，每天重复着枯燥的训练；高中棒球联赛上，令甲子园沸腾的选手们，也必然经历过远超他人的艰苦的挥棒岁月。

无论是谁，要想成功，必定需要在“想要玩”、“想要睡觉”时，凭借超乎常人的意志力忍耐下来，控制自己的欲望。

而且，遵守约定和规则，还有助于孩子们学会遵守社会规范——尽管在现代社会，这个观念已经逐渐被淡化。

近来，“小一问题”越来越显著：有些刚上学的孩子，不受校规的约束，上课时站起来走来走去，在升旗仪式上吵吵闹闹。

这个问题的社会背景很明显：独生子女增多，孩子们受到溺爱；游戏和网络普及，孩子们在公园和小伙伴做游戏的机会减少，独自一人玩耍的机会增多。

很遗憾，少子化和数码时代的来临，加剧了孩子们“只按自己的想法生活”这一倾向。

孩子在集体生活中学习规则和规范的机会减少，如果家长放任不管，孩子或许会在电车里随意盘腿，不顾其他乘客的想法；也有可能看到长长的队伍就自私地插队；还有可能随地乱扔垃圾或烟头……如果社会上遍布这样的成人，该有多可怕！

如今的孩子，已经失去了很多在集体中逐渐成长的机会，家庭作为培养孩子的最小单位，必须给他们定规矩，让他们遵守约定，从小养成好习惯。

12 让孩子知道：努力之后，必获成功

如前所述，培养孩子的忍耐力，需要把握以下4个重点：

- 妈妈督促孩子每天坚持做某件事。
- 妈妈不讨好孩子。
- 应该孩子自己做的事，或是孩子有能力做的事，妈妈绝不插手。
- 妈妈（也包括爸爸）和孩子做好约定，定好规矩，并督促孩子遵守。

另外，不抢着替孩子做他自己的事、教育孩子了解世间一切不一定都尽如人意、让孩子懂得遵守社会规范，这几点也很重要。

我还希望妈妈们再给孩子心底增加一个烙印：只要努力，必获成功。

在考取东京都著名中学的孩子当中，有很多都曾接受过“每天坚持不懈”的家庭教育。

·“我们希望孩子能体会到‘坚持就是力量’，所以，每天在固定时间让他学习，也就是‘每日必练’。”（驹场东邦中学录取学生的家长）

·“我认为每天的努力很重要，所以过年期间也督促他学习。正因为如此，我们做父母的，也不能随便说：‘今天累了，算了，不做了。’”（早稻田中学录取学生的家长）

虽说都是为了应付考试的“每日必练”，但是，让孩子在小小年纪就体会到努力之后必获成功的道理，能使孩子一生获益匪浅。

活跃于职业棒球联盟的著名选手一朗，自从小学二年级告诉父母“我想打棒球”之后，就和父亲宣之一起，无论刮风下雨，每天坚持练习，积累了丰富的实战经验。

温哥华冬季奥运会花样滑冰金牌获得者、韩国人金妍儿，为了维持体重，戒了所有零食，进行长期艰苦卓绝的训练。

无论哪个领域，都印证着“不努力，不成功”的真理。

妈妈要让孩子从小就了解这个道理。

一开始的时间跨度可以短一些，例如：

“下个月要考试了，从现在开始的一个月，妈妈每天陪你做功课，好吗？”

“两个月以后要参加演奏会了，现在开始每天弹练习曲，好吗？这样到时候就能有出色的表现了。”

以一到两个月为跨度，进行“每日必练”的训练，有助于孩子养成良好的学习习惯。

有了进步，取得成绩，孩子自然就能明白“努力之后必获成功”的正确性。假如没有获得预期的成果，妈妈也别忘了表扬孩子一直以来的努力：“妈妈给你打满分”，“这一个月的努力，应该得块金牌”。

另外，妈妈自己为了某个目标而努力的姿态，对孩子来说更有影响力。

一个劲地督促孩子“每日练”，有可能引起孩子的反感，嫌你啰嗦，所以，做父母的也应该以身作则。

比方说，妈妈如果为减肥而开始慢跑，那么就请每天坚持跑下去；父母如果为取得某项资格而开始学习，那么即使很累很想懈怠，也要逼迫自己坚持——给孩子做个榜样。

倘若妈妈觉得目前自己没有必须每天坚持做的事，那么也可以给孩子说说自己曾经的体会："妈妈以前每天都坚持做 ××，结果有了这样的好成绩。"当妈妈跟孩子说这样的心里话时，他们一定很爱听。

妈妈好习惯，孩子有朝气

13 注意早晚两餐饭的营养价值

文部科学省实施的“体力、运动能力调查”(=“新体力测试”）显示，福井县和秋田县的小学生和初中生各项能力都不错；在这两个县里，每天吃早饭的孩子比例也最高。

同样由文部科学省实施的“全国学力及学习状况调查”(=“全国学力测试”）显示，福井县和秋田县也达到了最高水平。可见，规律的生活习惯，有助于促进孩子体力和学力两方面的发展。

其中，在“每天吃早饭”和“完全不吃早饭”的孩子之间，学力的差距之大超出了想象，表现得尤其明显。

◆ 文部科学省“全国学力及学习状况调查”(2007 年调查结果）

◎ 小学六年级学生的回答正确率

· 每天吃早饭的孩子　　语文 A=82.8%　算术 A=83.7%

语文 B=64.0%　算术 B=65.0%

· 完全不吃早饭的孩子　语文 A=68.9%　算术 A=66.3%

语文 B=44.0%　算术 B=47.1%

语文和算术的 A 部分，主要是和“知识”相关的基础问题，而 B 则是“活用”方面的问题（也就是应用题）。

从数据中可以发现，每天吃早饭的孩子与完全不吃早饭的孩子相比，正确率的差距接近 15%。而且，比起基础问题来，应用题上的差距就更大了。

筑波大学附属驹场中学的学生，考取东大的比例很高。现任东海大学教授的小泽治夫先生，曾在驹场中学担任教职，从那时起，他就非常重视早餐的重要性：

“如果不吃早饭，孩子体温会降低，仿佛冬眠中的小熊一样无精打采。低体温状态下，人体很难振奋。”

小泽教授认为，好好吃一顿早餐，能帮助身体和大脑迅速清醒，充满活力。他还指出，上课时睡觉、打不起精神、感到厌学的孩子之所以越来越多，其原因就在于不好好吃早饭。

反过来说，要想令孩子头脑聪明、身体灵活、性格活泼，早餐是不可或缺的必要条件。

为此，妈妈当然要确保孩子的早餐质量，而爸爸也要注意，避免养成不吃早饭的坏习惯。

再看看晚餐的影响。

◆ 每餐饭摄取的食物品种数与学力测试偏差值的相关调查（东京都中野区第六中学教务主任广濑正义 1989 年所做的调查）

◎ 摄取品种数

- 四种以下　偏差值 48.9
- 四至五种　偏差值 51.4
- 六至七种　偏差值 53.9
- 八至九种　偏差值 55.4
- 十至十一种　偏差值 56.7
- 十二种以上　偏差值 61.2

这一调查结果是以前的数据，对象也是初中生，但从具体内容来看可以发现，每餐饭摄取的食物品种越丰富，学生的成绩就越好。

也就是说，吃饭太马虎的孩子，学习成绩较难提高。

而摄取丰富食材、营养均衡全面的孩子，成绩比较好。

其实，妈妈们并不需要费心费力去准备奢侈昂贵的食物，只要菜肴里包括肉、鱼、蔬菜、海藻等各个种类，孩子就能摄取足够营养，获取活力，使学习成绩得到提升。

妈妈们每天忙于家务，有时就会想随便吃点算了：“今天太忙了，没时间好好做晚饭。”

这时，请至少保证孩子能喝上放有丰富食材的大酱汤！

孩子们平时要上补习班和兴趣班，如果每天只在便利店里买个饭团或面包充饥，他们的体力会下降，头脑会昏沉沉，会表现得无精打采、浑浑噩噩。

早餐很重要，晚餐也要保证营养，只有这样，孩子才能保持体力，提高学习能力，所以妈妈们一定要重视孩子的饮食生活。

14 小学中低年级，确保九点就寝

与其他发达国家相比，日本被称为“不眠大国”。根据厚生劳动省的调查，有三成左右的初高中生，平均睡眠时间不足六小时。而三岁幼儿中，竟有一半就寝时间在晚上十点以后。

父母亲可能都知道，“晚睡晚起”不如“早睡早起”，但整个社会倾向于“夜间活动型”，如果孩子受到父母晚睡的影响，也染上这个坏习惯，那么，不光孩子的体力和气力，就连学习能力都会大幅下降。

广岛县教育委员会以小学五年级学生为对象实施的“儿童睡眠时间与学力测试相关调查”显示，能确保每天7～9小时睡眠时间的孩子，语文和数学的平均分数最高。

而刚才介绍过的文部科学省全国学力测试调查结果也显示，每天睡眠时间在8～9小时的孩子，正确率最高。

根据这些调查结果，要想提高孩子的成绩，就必须保证他们的适量睡眠时间：既不能过短，也无须太长。

理想状态是：一直到小学四年级为止，每天在晚上 9 点睡觉；而从小学高年级开始，每天在 10 点入睡，以确保 8 小时左右的睡眠时间。

不过，早睡的好习惯，并不是马上就能养成的。

就以我们家为例。我的女儿在上小学低年级时，经常到晚上 10 点、11 点还不睡觉，但她既不是要玩游戏，也不是要看电视，而是喜欢跟父母谈话和看书，因此，我们也就默许了。但想到她今后的学习生涯，我和妻子不由得有些担心。

有一天，我索性单刀直入地问女儿："爸爸和妈妈要怎么做，你才会想要早点睡觉？"

她回答："如果第二天早上有很开心的事情等着我，就会想要早点睡觉了。"

"另外，如果我能理解为什么非早睡不可的原因，就会愿意早睡了。"

"如果既没有什么开心的事情等着我，爸爸妈妈也不能解释为什么要早睡，那么，你们俩早点睡，我就会跟着早睡了。"

我一边想"这孩子还真是煞有介事"，一边又不得不承认她说得有一定道理。

的确，如果第二天的安排是去东京迪士尼乐园游玩，或是一家人去哪里旅游，孩子肯定乐意早睡。另外，如果告诉她“不早点睡，明天的接力赛就跑不动了”，她也会乖乖地早早钻进被窝吧。

但是，正常情况下，第二天只是个普通的上学日，没有什么特别值得开心的活动，所以不妨给孩子的早餐准备一些他爱吃的东西，告诉他：“起晚了，就没得吃了哦。”或是提醒他：“早上 6 点不起床的话，中午会犯困，在学校就不能和好朋友一起玩了。”

如果这样说了还是没有效果，那么，家长们就必须调整自己的作息习惯，带领孩子一起早睡早起，或是制定严格的规定。

在此需要注意的是，一旦规定“孩子必须 9 点就寝”，那就必须注意，千万不要因为家长自己的原因而违反它。例如，“我想在商场打烊前多买点东西”，“我想在外面玩得晚一点”，都是要不得的。

假如父母亲随意违反规定，那么孩子也不会加以重视，所以请家长们也一定要养成严格遵守规定的好习惯。

15 10岁之前多玩耍，10岁开始多运动

我们都希望孩子活泼有朝气，所以就必须保证他们有更多的时间用于运动和玩耍。孩子们通过户外玩耍，磨炼了触觉和嗅觉等五感，培养了季节感，能够更敏锐地察觉危险，并了解如何与环境互动。

而通过“模仿游戏”，孩子们的想象力和构思能力将得到提高。同时，为了更好地模仿游戏中的对象，表达能力和表现能力也会得到发展。

当然，户外玩耍对增强体能也有非常重要的意义，具体请参考以下调查结果。

◆文部科学省“2008 年体力、运动能力调查”（小学五年级男生数据：1985 年与 2009 年的比较）

- 50 米跑　1985 年 =9.05 秒　2009 年 =9.39 秒
- 掷垒球　1985 年 =29.94 米　2009 年 =25.39 米

· 握力　　1985 年 =18.35 公斤　2009 年 =17.01 公斤

以上数据表明，近年来，孩子的体力显著下降。不仅如此，近来无法直线奔跑、无法躲避对方掷球的孩子也越来越多，这真是校园一大问题。

如果孩子不具备基本的体能，就难以坚持艰苦的学习，在紧要关头容易放弃。即使脑子再聪明，也无法充分发挥自身能力。

而无法躲开掷来的球，说明孩子很难在危急关头自保。

更大的问题是：没有运动习惯的人很少出汗，最终会导致汗腺机能衰退。

汗腺的衰退，表示对生命至关重要的体温调节功能也衰弱了，这一点令很多医生忧心忡忡。

如此看来，小学中高年级之前，妈妈们必须多鼓励孩子运动身体，去户外游戏，这可是比参加其他兴趣班、补习班都更重要。

比如，踢罐子。这个游戏中，要求孩子跑步、弯曲、停止、下蹲，在纵向和横向上的动作交错进行。而捉迷藏和扮鬼游戏，也包含了大量动作，我也时常和女儿一起玩，感觉还挺耗费体力的。

前面叙述了早睡的重要性，而让孩子在外玩耍，令他们感受到“舒适的疲惫”，则有助于早睡早起，也算是一大好处吧。

爸爸也可以在休息日带孩子多多外出游览。

在大自然中，一家人一起拾来柴草，点起篝火，搭起帐篷——这样的活动既需要体力，也需要精力，可以让孩子享受到锻炼身体和头脑的乐趣。

从小学高年级开始，棒球、足球、篮球都应成为孩子的运动内容。

如今的孩子，并不适应竞争社会。

因为少子化导致独生子女增加，他们和兄弟姐妹竞争的机会减少，而在一部分公立小学运动会的赛跑项目上，为了避免差距太醒目，会让全体选手一同撞线——这些都成了孩子竞争心减弱的原因。

运动可真是个好东西。不但能增强体能，令孩子产生“好胜心”，还能帮助孩子培养“不服输”的韧性。

以上建议，在孩子的成长过程中能够起到巨大的推动作用，也能成为孩子维持高度积极性、集中精力发挥潜能的源泉。

当孩子明白努力之后必获成功，就会拥有珍贵的自信，而即使努力之后的收获并不尽如人意，他们也会产生“下次一定要成功”的上进心。

我并不推崇过度的竞争意识，但适度的好胜心会促进孩子生命力的爆发。

让孩子参加到体育运动中去吧！让他们充分体会失败的痛悔和胜利的喜悦吧！

16 多与学校或家附近的大孩子玩耍

2010 年，村上佳菜子在都灵举行的世界花样滑冰世青赛上获得女单冠军。她从小就和比自己大 4 岁的浅田真央选手一起，跟着同一位教练训练，最终充分发挥了自身才能。

村上佳菜子以浅田真央为榜样和偶像，一直朝着这个目标努力，不服输，不气馁，通过坚持不懈的钻研和训练，终于创造了属于自己的辉煌。

另外几个例子如出一辙。女子摔跤运动员伊调馨，也是在比她大三岁的姐姐伊调千春的影响下，开始了自己的运动生涯；活跃于棒球联盟中的岩村明宪选手以及曾在联盟中打过球的井口资仁选手，也是因为兄长打棒球，才踏上了这条道路，最终成长为职业选手。

可见，与大孩子玩耍，能够对孩子的成长起到非常重要的积极作用。

但由于现在的社会少子化愈演愈烈，孩子们和兄弟姐妹玩耍的机会越来越少。平时有空，不是去补习班，就是在家里玩玩电子游戏，结果，连在公园里和各个年龄层的小伙伴一起玩耍的情景也变得很稀罕了。

我不由得感到，这样的现状，或许就是造成孩子们的好奇心和好胜心日益薄弱的原因吧?

孩子最大的特点，就是喜欢模仿比自己年长的人。首先是父母，其次是伙伴。

换句话说，孩子们热衷于挑战稍微有点难度，稍微高于自身能力的任务。

不光是体育运动，孩子们只要跟比自己大的伙伴一起玩耍，一起学习，就会自然而然产生模仿对方、挑战困难的愿望。

比自己大的伙伴是孩子们的目标和参考，在玩耍过程中，孩子的知性需求提高，各方面都逐渐成长。妈妈们要尽量为孩子提供好的环境，让他们能够与大孩子一起玩耍和学习。

- 参加有年长伙伴的体育运动队
- 在有较大儿童参与的钢琴教室里学乐器
- 加入由各个学校学生组成的童子军等团体

· 参加由成年人和少年儿童共同组成的兴趣小组（剧团、发明俱乐部等）

· 参加由较高水准儿童组成的补习班或兴趣班

与其让孩子总是和同年级熟悉的小伙伴一起玩耍，或是妈妈带着孩子在有限的世界中学习，不如让孩子置身于这样的环境，让孩子受到良性刺激，这样他们会变得更加活泼有朝气。

当然，如果孩子极度内向，或是与大孩子在一起时会显得非常怯场，家长最初还是要小心一点。当孩子逐渐适应了新环境，并发现了大孩子的优点之后，自然会想："我也要像他一样。"或者："我先跟他学，然后总有一天会超过他。"

17 只要有兴趣，不妨多尝试

在转为职业选手的第二年，石川辽就获得了大奖赛冠军。我至今还记得，这位史上最年轻冠军的诞生，不仅在高尔夫爱好者中引起轰动，也获得了普通观众的注目。

石川辽小时候患过哮喘，身体虚弱，但他的父母却让他参加游泳、棒球、足球、垂钓等各种运动。

其中，最让少年时代的石川辽感兴趣，怎么也无法割舍的，就是高尔夫。而这位人气高尔夫明星的诞生，就在于他父母看到了他挥动高尔夫球棒，将小白球潇洒击出的身姿。

除了石川辽之外，崎玉县西武狮子棒球队的“雄星”——投手菊池雄星，也曾在幼时涉猎过体操、游泳、钢琴和书法，培养了广泛的兴趣。

拥有这样顶级运动员的家庭，其共同之处就在于：孩子们从小就参加了大量的兴趣班，最终，从中遴选出自己最感兴趣的项目，如高尔夫、棒球等。

石川辽和菊池雄星的父母都很支持他们参加各种活动，事实上，为了更好地了解孩子的兴趣点和适合度，当孩子表示“对这个有兴趣”时，最好尽一切可能为他创造尝试这个项目的条件。

即使孩子并未在任何项目上取得相当程度的成就，但只要他们积极地参加自己喜欢的、感兴趣的活动，性格就会变得越来越活泼开朗。

而当孩子们废寝忘食地投入其中时，不但培养了他们珍贵的“集中注意力”，还能促使他们产生上进心：“我还想知道更多！”、“我想做得比现在更好！”

以前述二位运动员为例，菊池雄星不仅参加过多项体育运动的学习，还曾学过钢琴和书法等训练指尖和手腕灵活度的项目。对于棒球投手来说，手指和手腕的良好球感，有助于更加精妙地投球。

而石川辽接受过大量体育项目的训练，这有助于他锻炼出强健的体力，使他能够适应现在一年四季持续不断的联赛赛程。

可见，让孩子从儿童时代起参与各种项目的学习，绝对不会白费精力和时间，这对他们将来的成长和发展有着非常重要的意义。

学校的学习，也有同样的特点。

我每年都会采访考取重点中学的孩子，有时候，那些孩子的“认真稳重”，令我都深受触动。

能够考取那么难进的重点中学，在某种意义上说明这些孩子很了不起。但还不仅如此，这些孩子非常有礼貌，并且和石川选手、雄星投手一样，对于来自初次见面的成年人的提问，他们能够直视对方的眼睛，口齿清楚、表达流畅地进行回答。而且，这些孩子也不是书呆子，他们加入了当地的棒球队或足球队，积极担任社区的志愿者，几乎都参与过与学习成绩并无直接关系的兴趣小组或社会活动。

我曾对他们的父母说：“您的孩子回答问题非常有精神，一点都不怯场呢！”

他们通常会回答：“这孩子学过很多东西，也经常接触除家长以外的成年人，或许是他锻炼得比较多吧。”或者“他在社团活动中学习了如何处理人际关系，而通过与弱势人群的接触，他开始思考社会问题，比起以前来，稍微成熟了一些。”

的确如此！孩子经历得越多，见识就越广，和不曾参加过社会活动的孩子相比，他们要更加成熟稳重。

我的女儿只要“想尝试”，我们就放手让她去学：从钢琴、绘画、发明俱乐部、音乐鉴赏到韩语讲座等项目，她可谓是涉猎广泛，也获得了“想象力丰富”、“发音漂亮，语感很好”等评价。

我不知道小学时代的类似体验对她将来的学习成绩以及人格形成会有怎样的益处，但至少，从我们做父母的角度来看，女儿的成绩比较好，也比较稳定，表达能力和创造力也比同年龄孩子更强。而最终，她在尝试过的多项兴趣中，选出了英语会话和韩语作为主攻项目，现在想来，幸好当初让她参加了语言学习。

最近数年，经济一直不景气，大家都说，日本社会从“什么都要”的阶段，进入到了“只能择一”的选择时代。

我们家也受到同样的影响。由于经济不景气，很多家庭无法给孩子提供足够挥霍的零用钱。但只要孩子想学，家长还是应竭尽全力为他创造条件。

“习多艺，需精一艺；精一艺者，必习多艺。”从我采访的经验来看，这句话很有道理。

18 妈妈陪同，“入学”加“入门”

为了培养孩子活泼开朗、富有朝气的性格，妈妈不妨抱着与孩子一起“入学”、“入门”的心态参与进去。

也就是说，妈妈不仅以成年人的身份与孩子沟通，还要当孩子的同学，以入门者的心态和孩子一起培养兴趣。

妈妈要学会利用每个孩子都拥有的五大特征，帮助孩子培养积极向上、活泼开朗的性格，在人格形成的早期就养成自觉学习的好习惯。

- 想要一起做
- 想要模仿
- 想要获得认可
- 想要参与竞争
- 想要挑战难题

我用五个“想要”，概括了孩子的心理特征。其实，“想要”的愿望非常重要。刺激这个部分，孩子就会乐意主动参与。

首先是：想要一起做。

比如说，学习算术时，妈妈不妨把自己当作孩子的同班同学，一起参与吧。

“那么，妈妈跟你一起做算术吧。哪一题？让妈妈看看，我能做出来吗？”

妈妈一旦参与进来，本来没什么干劲的孩子，很容易想到：“我也做一点题吧，有妈妈陪着呢！”

第二项：想要模仿。

阅读语文课本或书籍时，若是只教孩子“要读得更有感情”，他是很难理解的。妈妈应该示范给孩子看。

例如，妈妈和孩子按照段落交替阅读，或者妈妈先有声有色地介绍故事大纲和人物心情，也可以进行分角色朗读，让孩子读“老爷爷”的部分，妈妈读“老婆婆”的部分。这样，孩子有了示范和榜样，自然容易模仿妈妈的读法。

另外，如果只是从头到尾朗读课文，会比较无聊，这时妈妈不妨加入一些游戏元素，如“读错一次就出局”、“根据即兴的背景音乐读出节奏”等方法就不错，能够帮助孩子爱上阅读。

第三项：想要被认可。所以当孩子表现良好时，家长一定别忘了表扬他。

当孩子无法坚持上兴趣班，才去了两三次就表示“不想学了”时，千万不要责问：“怎么才去了三次，就想放弃？”而应该先对他已经做到的部分进行表扬：“孩子，你已经学了整整三次，只要再去一次，就学够四次了呢。”然后，妈妈邀请孩子：“怎么样？跟妈妈一起去学第四次吧，好吗？”

父母不要忘了随时随地赞扬孩子，例如：“你演奏的旋律，比以前流畅多了”、“今天的表现比上次好多了”，表扬孩子的点滴进步，孩子会越来越自信，也会为了让妈妈更惊喜而不断努力。

第四项：想要竞争。这意味着妈妈和孩子之间的竞争。

如果有年龄相近的兄弟姐妹，当然可以互相比赛，但往往是年纪小的弟妹输掉。所以，最好还是知晓分寸的妈妈和孩子进行比赛。

我已经说过，算术等计算方面的学习，要保证其趣味性，这样孩子才会觉得有趣，乐意参加。比起一个人自己练习，孩子和妈妈一起进行计时、计分赛，会让他们学得更起劲。

最后一项：想要挑战难题。这种精神有助于促使孩子积极思考，产生追根究底的强烈愿望。

我女儿在读小学时，就连续通过了英语检测考试三级与准二级，这一成果，其实追溯起来，要归功于她妈妈在她通过四级考试时的一句煽动性的话："三级有点难，怎么样？参加吗？"

如果"非常难"，孩子从一开始就会退缩，但如果是踮起脚尖就伸手可及的高度，孩子就会跃跃欲试。我女儿中了她妈妈的计，最终连准二级考试都顺利通过了。

"稍微有一点难，你准备怎么办？如果能通过的话，可太了不起啦！"

这样的"煽动"很有效果。孩子很有可能产生"行！让我试试吧！"的想法。家长应该把标准稍微订得高一些，鼓励孩子"跳一跳"。

19 多接触学校和家庭以外的社会环境

众所周知，孩子度过最多时光的地方，一是学校，二是家庭。

最近，从小学低年级开始，很多孩子就进入补习班或兴趣班学习，大多数小学生过着“家—学校—补习班（兴趣班）—家”这样三点一线的固定生活。

但是，这种生活不能不说是相当单调的，接触的世界也很有限。

孩子们所了解的成年人，除了老师，就是父母。一起玩的伙伴也都是学校同学或补习班的孩子。他们每天都只能和固定的熟人接触。

我认为，让孩子时常置身于陌生环境，让他们时常结识陌生人，有利于培养孩子独立自主的精神，可以让他们充满活力、勤于动脑，对社会和身边发生的事情拥有自己的见解，能够进行自己的独特表达。

也就是说，让孩子积极接触学校和家庭以外的社会环境。接下来，一起看看调查结果吧：

◆ 内阁府“低龄少年的生活与意识相关调查”（2007年）

◎ 小学生对于社区活动的参与经验（复选）

·儿童会举办的运动会及圣诞庆祝活动	64.2%
·募捐	27.0%
·打扫公园及道路，参加社区的避难训练	27.7%
·儿童馆及公民馆举办的讲座和教学活动	15.2%

可见，孩子们对运动会和圣诞庆祝活动的参与度很高，但其他活动的参与度则比较低。特别是在城市，各地域的联结越来越松散，与邻近社区居民一起携手从事某项活动的机会，估计以后也会越来越少。

但是，孩子们与社区伙伴的交流日益减少这种情况如果任其发展，就难以培养他们的社会性：不但对居住地区的风俗习惯和文化毫不了解，甚至再也产生不了一点热情。

生活方式固化之后，孩子们的心态也会变得墨守成规，会逐渐失去朝气和活力。要想施加适度的良性刺激，最好鼓励孩子积极参加社区活动。

举个例子吧，孩子去社区参加活动时，有可能会获得为数众多的信息。比如："有人不遵守社区的垃圾处理规则"、"市政合并之后，行政管理变得不方便"、"由于经济不景气，难以从商家募集到足够资金，夏天的烟花大会预算不够了"。

孩子跟随父母前往社区参加活动，有利于增加他们与其他成年人接触的机会，也能帮助他们学习社会结构及规则。

另外，除社区活动以外，还应积极带孩子前往各种不同的社会场所。

◆ BENESSE 教育研究开发中心"第一次儿童生活实态基本调查"（2004 年）

◎ 经历丰富与否，与未来发展的关系

（经历丰富的小学生）

成绩好　35.5%

经常（有时）阅读新闻报道	48.9%
有向往的职业	70.0%
（经历较少的小学生）	
成绩好	24.3%
经常（有时）阅读新闻报道	30.6%
有向往的职业	56.7%

该调查主要根据孩子是否经常“参观博物馆和美术馆”、是否曾经“参观过父母的工作场所”来区分。

由上述数据可知，父母经常带孩子参与各种活动，不但有助于提高他们的学习成绩，还能提高孩子对社会和未来的关心度。

我家也是以妈妈为主导，经常带女儿去参加社区举办的农业体验及户外体验活动，还参加过附近几所公立小学组织的小型篮球队、在韩国首尔举办的为期一个月的夏令营等，丰富了孩子的生活。

通过以上各种活动，孩子在精神上变得更坚强、有韧性，日常举止也更有朝气。我想，调查数据还是非常切中肯紧的。

事实上，在孩子的感性十分纯净之时，多让他们接触各种场面，施加良性刺激，能帮助孩子身心健康成长。所以，妈妈们要记住，除了学校和家庭，还要带孩子去体验各种社会环境，让他们习惯于接受不同场合的刺激。

营造氛围：“即使没钱，我家也能很开心”

要想培养出朝气蓬勃的孩子，妈妈还必须善于营造开朗愉快的家庭气氛。

看到这里，或许有读者会问：“难道做爸爸的，就不用费心营造气氛了吗？”其实我的意思是说，爸爸当然责无旁贷，但妈妈的作用更加不容忽视。

如今这个世道，几乎每个人都牢骚满腹：

“你爸爸奖金又少啦，现在我们家买不起贵重的东西了。”

“唉，要是你老爸再有出息一点儿就好了，我就能给你买很多好东西了。”

可是，做妈妈的，光是发牢骚，对家庭氛围没有任何好处。倒不妨反其道而行之，让孩子知道：“即使没什么钱，我们也能很开心。”这样，孩子的性格一定会更加活泼开朗。

也就是说，妈妈要成为左右家庭气氛的“魔术师”。

比如说，在小院子里，种上三棵从附近家居用品店买来的小盆栽，一棵只要 100 日元。

购买鲜花装饰花园，一个月的花费大约要几千日元，这下，300 日元就搞定了。小小的变化，能够为家人心中送来清新的微风。

某一天，既非谁的生日，也不是什么纪念日，妈妈却在超市买了漂亮的蛋糕，晚饭后，轻描淡写地作为甜品端了出来，这可真是个惊喜啊。

家人可能惊讶地问：“咦，今天是什么日子？”

妈妈不妨这样回答：“不是什么特殊的日子，但老公和孩子最近都很努力，这是我给你们的小奖励嘛！”

听了这话，全家人一定都会展颜而笑吧。

五寸或六寸的蛋糕，大约要花 3000 日元。就这点钱，却可以令家人面露微笑，充满干劲：“明天要继续努力！”算起来，还挺便宜呢。

另外，根据季节，在泡澡的浴缸里放上柚子或菖蒲；每个月订一次宅配比萨，在家开个小型比萨晚会，不高的预算，可以令全家人都开心起来。

我们家的妈妈，会在日式点心店给家人购买各种口味的点心，或是在西洋甜品屋按家人人数购买美味蛋糕。

我们家有个小窍门：购买不同品种的点心。饭后，全家人坐在一起玩“石头剪子布”的游戏，谁赢了，就可以先挑选爱吃的品种。

形式都很简单，但尝试一下，却能让家庭气氛变得非常热烈。特别是故意买来一两个不太受欢迎的点心时，气氛就更欢快热烈了，我这个成年人也在这样的氛围中，忘却了工作压力。

除上述诀窍以外，还要记住：随时随地的微笑。

我采访过许多个中学生的家庭，我发现：看起来快活开心的孩子，百分百有个性格开朗的妈妈。

她们的特征是：第一，会大声笑。第二，总是面带微笑。第三，伴随肢体语言的笑容。正如米诺蒙达和明石家等艺人，在电视节目上与嘉宾对话时，为了让嘉宾进入角色，带动气氛，笑得前仰后合那种感觉。妈妈与孩子对话时如果足够活跃，肯定能帮助孩子培养开朗愉快的个性。

尝试一下吧！从今天开始，大声笑，始终保持微笑，不时做些夸张的手势吧。

过不多久，家庭气氛就会逐渐活跃、愉快起来，孩子变得积极乐观，更重要的是，爸爸和妈妈自己也会变得开朗起来。

21 拒绝手机。如属必须，定好规矩

剥夺孩子朝气的元凶之一就是游戏机。

日本 PTA 全国协议会在 2009 年 3 月发布了“儿童与媒体相关意识调查”的结果：小学五年级学生中，有 8 成拥有“家用游戏机”或“便携式游戏机”。

我们家也概无例外，女儿当然拥有“家用游戏机”，偶尔会连到电视上享受一番，这都纯属正常。让人担心的是，有的孩子会无节制地使用游戏机。

上述调查中，对于“家中对使用游戏机是否订立了规则”这一问题，有半数孩子回答：“没有。”

家长既不限制时间，又不规定游戏内容，就这么随随便便把游戏机交给孩子，自制力差的孩子不但可能熬夜玩耍，造成眼睛疲劳，甚至可能将虚拟世界中习得的暴力行

为，带入现实世界中来。

如此一来，孩子第二天就无法早起，上学时无精打采，问题严重时，还会模仿游戏中的暴力画面，无端攻击同学，造成可怕的后果。

所以，即使要让孩子接触游戏机，也要和他们先约法三章：第一，每天最多玩 30 分钟；第二，最晚玩到晚上 9 点为止；第三，选择适合孩子年龄的游戏内容。以上可谓是玩游戏机的最低要求。

在我家，严禁孩子独自一人玩游戏机。其内容一般也选择体育运动系列，帮助孩子边玩边锻炼身体。其他内容的游戏完全禁止。如若不然，我担心游戏机可能招致“游戏危机”。

比游戏机还要麻烦的电子产品，就是手机。

看看最近孩子们当中发生的问题，很多都和手机或网络有关。

特别是手机这种便携式电子产品，兼具“匿名性”和“时效性”，可以随时随地与外界联络。

手机不但具备通话和短信功能，还能用来上网和打游戏，虽说十分方便，但如果使用不当，也会剥夺孩子的朝气和活泼性格，还可能伴随着校园暴力和犯罪的阴影。

文部科学省在2009年1月发布了“原则上禁止小学、初中生携带手机入校的规定”，但同年的调查却显示：小学六年级学生的手机拥有率达到24.7%，每天收发短信30封以上的六年级学生达到7.1%。可见，对于手机，应该订立比游戏机更严格的规矩。

◆ 日本PTA全国协议会“儿童与媒体相关意识调查”(2009年)

◎ 手机及PHS的使用规定（小学五年级学生）

·使用时间　有规定=11.9%　无规定=84.3%

·使用时间段　有规定=26.0%　无规定=70.4%

·使用内容　有规定=47.4%　无规定=47.4%

·使用方式及礼节　有规定=46.9%　无规定=49.5%

可见，大多数孩子没有和父母一起，订立关于手机使用时间(=长度)及时间段(=晚上9点为止等)的规则。

另外，对于可能诱使孩子浏览有害网站的内容，以及可能令他人困扰的无礼行为，有接近半数的孩子回答说：

“没有订立任何规矩。”

最近，一些家长在给孩子买手机时，会同时使用过滤有害网站链接的服务，但这种行为只能保护孩子不受手机网站毒害。为避免孩子连续几小时发短信的行为，为避免孩子从他人那里收到诸如“去死！”、“闭嘴！”、“滚蛋！”之类的暴力文字，父母在给孩子买手机时，必须订立相应的规则。

我的基本意见是：小学生、初中生不需要手机。但作为孩子参加补习班和兴趣班时的联系手段，家长有时觉得手机是不可或缺的，若是如此，最低限度，也要做好以下规矩：

· 手机仅用于家庭成员之间的联系
· 短信功能也只用于家庭成员之间
· 绝对禁止使用网络和游戏功能
· 如果违反规定，将没收手机

订立规矩之后，不允许任何特例，要求孩子完全遵照执行。特别是做妈妈的，要严格督促孩子遵守规矩。

这样一来，孩子可能一开始会反抗：“同学们都有手机，就我没有！”但最终，严格的规矩能避免孩子夜不归宿及校园暴力等严重后果。

那么，电脑又该怎么办呢？

当然，对于生活在这个信息社会的孩子来说，电脑是必须掌握的数码机器之一。因而，也需要制订相类似的严格规则，比如：“在父母面前使用电脑”、“晚上 9 点以后不能再玩电脑”、“不允许打电脑游戏”、“电子邮箱的密码应全家共享，父母有权检查孩子的邮件”等等。

22 不要把自己的目标强加于孩子

如今三四十岁的父母，成长于学历至上的社会氛围中，他们是被偏差值打上标签，由偏差值的高低决定前途的一代人。

正因为如此，对于自己的孩子，他们也有着“想让他进好学校”、“想提高孩子的偏差值”的想法。

我觉得，在这种期待之下，存在着过度逼迫孩子、令孩子失去童真、破坏儿童的天真烂漫和清新感性的陷阱。

特别是妈妈们，需要格外注意。

无论你是何种背景，只要孩子开始上托儿所、幼儿园，再升入小学，你就自然而然地被称为“某某的妈妈”。这样一来，评价也集中到孩子的“学力”这个唯一标准之上。当孩子比小伙伴更早地学会写字，当孩子学会了加减法，当孩子终于能够说几句英文短句，妈妈都会从这点点滴滴的进步中感受到莫大的喜悦。

当别人夸奖孩子“某某君真聪明！”时，妈妈简直就好像在夸奖自己似的。为了这样的喜悦，妈妈不由地对孩子要求更严格，试图“培养有很强学习能力的孩子”。不过，此时需要注意，切勿因此抹杀了孩子的天真，切勿影响了孩子活泼可爱的一面。

孩子总是最爱妈妈，每个孩子也都“希望妈妈爱我”。

同时，他们也时常会感到不安：

“妈妈是因为我学习好才爱我的吧？”

“因为我考试成绩好，所以妈妈才爱我吧？”

当孩子有这样的想法后，他们就会认为：“我不能辜负妈妈的期待”、“得更努力啊，否则妈妈就不会这么爱我了”，并感受到无形的压力。

我也有孩子，我很理解妈妈们“早教提高学习能力”的愿望。

但是，妈妈们在孩子面前还是不要表露出“你成绩好，所以妈妈爱你”、“考试分数高，你是妈妈的骄傲”等任何“有前提的爱”为好。

反而应该多说些关怀孩子的话，比如：“学这么多，累不累？”、“宝贝，妈妈是不是说了重话了？”、“妈妈有你在身边，就很开心了”等等。通过这种方式表达母爱，妈妈们可以更容易听到孩子的真心话，通过对孩子整体的肯定，妈妈可以让孩子知道：

“你就用你的速度向前走吧！”

“你就做你自己，一点儿也没关系。”（这是我在故乡爱媛县松山市的电车中看到的标语。）

在母亲和子女的交流中，这也是非常值得借鉴的两句话。

23 不按常理出牌，也是闪光点

“请您千万不要纠正他这种钟摆式的击球法。”

这是在棒球联赛中大放异彩的一郎选手的父亲铃木宣之，对他初中时代的棒球教练说的话。当时，这位教练正试图纠正一郎选手颇具个性的击球动作。

如今，棒球界已经出现了不少模仿一郎选手击球法的左手击球手，但在当时，教练却认为这属于“不按常理出牌”的动作。

我认为铃木宣之先生做得很对，这并不是因为一郎现在已成为著名棒球运动员，获得了巨大成功，而是因为与众不同，稍微有点特殊、异常的部分，或许正是这个孩子的个性，也可以说是他才能的原石。

如今社会，所谓“优等生”的心理问题日益严重。很多循规蹈矩，从思维到行动都一板一眼的孩子受到好评，而想法出格、行为与周围格格不入的孩子非但无法得到表扬，而且还会被视为问题少年。

当然了，所谓“格格不入”，还是要有个限度。但我们若是全盘否定它，就无法让孩子健康成长，他们可能只在父母面前装出一副“好孩子”的模样。

从这一点考虑，一郎选手的爸爸做得很好。那么，妈妈们也不妨对孩子超乎常俗的行为举止抱以宽容理解的心态，比如：

· 当班上其他同学都给树干涂上褐色、树叶涂上绿色，而你的孩子却给树干涂上紫色、树叶涂上黄色时；

· 解答数学题时，一般都从问题 1 开始做，但你的孩子却从问题 4 开始，反过来做时；

· 对于“将来想做什么”这个问题，很多孩子回答：医生、飞行员、开花店，而你的孩子却回答：“我想一个人在无人岛上生活”时。

从妈妈的角度来看，肯定会觉得“我的孩子有点怪怪的”，也可能会想着如何“让他和其他小伙伴保持一致”，但我认为，以上列举的“与众不同”，反而是应该受到鼓励的。

因为把树干涂成紫色的孩子，具备很特别的色彩感觉，相当有趣。而从后向前解题的孩子，能够根据自己的想法分配时间，很了不起。而表示“想独自在无人岛上生活”的孩子，或许有着旺盛的生命力，性格坚强，而且有很强的独立性。无论如何，没有选择普通的职业，就说明这孩子的“想象力非常丰富”。

家长不需要为孩子的“与众不同”而懊恼，对于异想天开的孩子，反而要多多赞扬：“你的想法很有趣哦”、“你这个主意，连妈妈都没想到”。这样有利于促进孩子的个性发展，能令孩子更朝气蓬勃。

而如果孩子压抑自己的个性，不能在父母面前展现真实自我，总是为了取悦家长而扮演“好孩子”的角色，会给他们带来莫大的压力。

妈妈有时会想：“老天保佑，这孩子可千万别让我丢脸。”而且也比较在意老师和其他家长的看法，但是，如果你拥有一个很有个性的孩子，千万要保护这块浑金璞玉，为自己那“与众不同”的孩子骄傲吧！

24 “我爱你”，不要犹豫，多多益善

如前所述，如今的日本社会中，很多孩子不喜欢自己，与其他国家相比，感到孤独的孩子的比例也相对较高。也可以说，日本是一个儿童幸福度比较低的国度。

在这样的社会环境中，要想培养孩子活泼开朗的性格，做妈妈的必须开门见山地向他们表达“无私的爱”。

其中非常重要的要素就是赞扬和肯定孩子。另外，直接表达母爱，也是妈妈们应该养成的一个好习惯。

·妈妈最大的宝物就是你。

·有你在身边，妈妈很幸福。

·妈妈非常爱你，宝贝。

若是不说出口，再深厚的母爱也无法传达。特别是面对孩子时，暗示的语调并不管用，“以心传心”的表达也很难有效果。

只有简单明了，将自己珍视对方的心情直截了当地告诉他们。比如说，在浴缸或床铺中，孩子正身心放松时，妈妈毫不犹豫地表达母爱，往往有最佳效果。

日常生活中，也应该通过语言多多表达母爱。接下来，请感受一下在下面三个场合中，使用不同语言的微妙差异：

· 画画时

A. “现在在画花吗？颜色可要给我涂得仔细点哦。”

B. “现在画的花，颜色用得真不错呀。”

· 完成作文作业时

A. “你的作文我看过了。写得不错。”

B. “你的作文写得很漂亮呢。妈妈最喜欢这个部分。”

· 考试成绩不佳时

A. “对你来说，这题目太难了。做不出来，也没办法。”

B. “孩子，我知道你已经很努力了。心情挺不爽吧？妈妈也觉得不爽。”

以上三个场景，A 比 B 要生硬，B 的表达方式更能让孩子感受到母爱的温暖。

当孩子画画、完成作文时，B 的赞扬方式更加具体，对孩子来说，妈妈的关注很重要。

而当考试成绩不好时，A 的表达看起来似乎表示了理解，但实际上却强调了“对你来说无法完成”，是一种“贬低”。而 B 的说法就巧妙得多，能够让孩子感到“妈妈的确非常了解和理解我”。

◆ BENESSE 教育研究开发中心“第二次儿童生活实态基本调查”(2009 年)

◎ 与父母交流学校的情况

· 经常和父亲交流　　22.8%

· 经常和母亲交流　　57.0%

◎ 与父母交流朋友的情况

· 经常和父亲交流　　22.9%

· 经常和母亲交流　　50.3%

◎ 与父母交流未来和前途

· 经常和父亲交流　　16.0%

· 经常和母亲交流　　25.3%

◎ 与父母交流学习成绩等情况

· **经常和父亲交流** 17.9%

· **经常和母亲交流** 35.0%

◎ 与父母交流社会新闻的情况

· **经常和父亲交流** 18.3%

· **经常和母亲交流** 23.1%

根据以上调查结果可知，无论是哪个项目，小学生都更愿意与妈妈进行交流。

因此，要想让孩子朝气蓬勃，性格开朗，妈妈将起到举足轻重的作用。

接受孩子的不完美，赞扬他的优点和长处，不时地表达“我爱你”的心情，充满母爱地与孩子交流和沟通吧！

第3章

妈妈好习惯，孩子有干劲

25 大声赞扬吧，让孩子听得见

本书已再三强调了赞扬孩子、强调优点、促使孩子产生干劲等做法的重要性，在第1章中，我提及的“赞扬语”，就是很具代表性的部分。

这些内容都会直接对孩子的心灵起作用，在跟孩子面对面交流时很有效。而在另一些场合，我们还有别的方法，能够令孩子心情愉快，性格开朗，充满干劲。

那就是——间接的赞扬。

·孩子独自洗澡时，妈妈就在附近的更衣间，对爸爸说说孩子白天努力学习的事，声音正好能让孩子听得见。

（例：“我们家孩子，真是很努力，很用功呢！我都感动了！”）

·跟爸爸商量好，由爸爸转告孩子：妈妈曾表扬过他。

（例：“今天公开课上，你第一个举手回答问题，发表意见了，是不是？妈妈跟我说了：‘咱们的孩子真了不起，特别有勇气。’她非常高兴，表扬你了，我听你妈妈这么说，也特别高兴！”）

·如果学校、补习班及兴趣班的老师表扬了孩子，妈妈别忘了转告爸爸。

（例：“‘老师说，比起几个月前，咱们孩子的进步非常大呢！’‘老师说，咱孩子有悟性，只要多多练习，肯定会完成得很好。’我作为妈妈，真是觉得很骄傲。”）

间接的赞扬，将成为孩子发奋图强的动力。

“我的努力，妈妈都看在眼里，记在心里，经常表扬我呢！”

“妈妈表扬我有勇气呢。”

“啊，原来老师认为我有悟性啊！如果我再多练习几次，肯定会做得很棒！”

孩子有了自信，就会更加勤奋，更有面对困难的勇气，更愿意去努力练习。

其实仔细想想，即使我们成年人，如果从某个地方间接地听到对自己的肯定和赞扬，也会充满了勇气和干劲的。

比如，同事告诉你：“A部长说，你的解说能力一流呢。”或是部下告诉你：“客户公司的常务说你值得信任，可以把所有事都委托给你呢。”此时你心中的快乐和得意，肯定超过当面直接听到夸赞吧。

当面受到表扬，当然值得高兴，但也会感到一点莫名的不安，心中会猜疑“对方不会是口是心非地奉承我吧？”，这样想着，自然难以完全接受这种赞扬。

而间接的夸赞，往往不含任何水分，可以相信是真心话，所以听了以后更容易鼓起干劲。

前例所示：“最近这么用功，妈妈都感动了”、“妈妈说你表现不错，爸爸听了很高兴”、“老师表扬你，妈妈也觉得很骄傲”，孩子听了这些饱含着父母殷切心情的话，也会更加自信，更加开朗。

相反，间接入耳的恶评，更容易令孩子萎靡不振。

对于孩子来说，就好像被人背后说了坏话，比起听到父母直接的斥责：“怎么搞的？你这孩子真差劲”来，容易受到更深的伤害，父母一定要注意。

26 对于具体的优点，要反复赞扬

自从我开始针对教育问题进行采访以来，就向每一个通过电台节目而认识的采访对象——无论是文化人、企业家，还是著名运动员，提出过以下问题：

“您的父母，在您小时候是怎样和您交流的？”

这些采访对象都属于某个领域的成功人士，所以我对他们的成长经历怀有很大的兴趣。

结果，很多人回答：“父母不太斥责我，倒是经常表扬我。”

我还发现，这些成功者中有很大比例的人表示：“父母并不是泛泛地称赞我，而是清楚地指出‘你这个地方做得特别好’，对于我自己具体的优点，不厌其烦地反复赞扬。”

有一位女企业家说：“因为我父母总是夸奖我，‘声音真好听’、‘你的努力令人钦佩’，所以我自然而然地成长为一个非常自信的人。父母的话语给了我勇气，我时常自我激励：‘一定能行！所以，继续努力，一定会有成果。’这一切，令我获得了现在的成功。”

要想令孩子充满干劲，有两大要素必须牢记：第一，赞扬他具体的优点。第二，反复赞扬。

小学一至二年级之前，可以单纯地赞扬：“真了不起！”“真不愧是我的孩子！”但到了小学中年级，就需要具体指出他哪里了不起，哪里令父母骄傲了。这样，才能令孩子理解自己应该如何做，并产生兴奋感和干劲。

请看下例。

以下都是表扬对方的语句，请您站在孩子的立场，看一看哪一种更令您感到喜悦。

A：成绩有进步，很努力，干得好！

B：成绩有进步。那是因为你每天上学前，都稍微早起一点，在家多次练习的结果。妈妈觉得你这种努力，真是了不起！

很明显，B的部分，能让孩子真切地感受到，妈妈一直在关注他。如果持续重复赞扬他，孩子就确信：“对啊，原来早起一点，努力一点，可以获得这么多的好处！”接下来，即使父母不再督促，他自己也会早起读书了。

再举几个例子：

·“成绩有进步，妈妈当然很高兴。你很了不起。不过，你试卷上的字迹也更干净漂亮了，这一点让妈妈非常惊喜。这是因为你用心去做了，对不对？真棒！”

·“最近，钢琴弹得有进步。这么短时间有这么大的进步，真令人难以置信。虽然妈妈不会弹，但也听得出来琴音比以前更流畅了。这一定是因为你弹得很用心，是吗？”

像以上这些妈妈的话中，不时闪现“了不起，不愧是我的孩子、真棒、难以置信、的确不错”等赞语，对孩子“具体而微的长处”进行反复的强调和赞扬，久而久之，孩子一定会充满了干劲。

这是因为，他们从妈妈的赞叹中意识到了自己的长处，就能学会逐渐扬长避短，以自己的优势作为前进的动力和武器。

反过来说，指出缺点，也同样需要要领。

◎ 对成绩退步的孩子

“真差劲！你要用功啊！”→“计算方面有进步，这次是图形出了问题。和妈妈一起补补课，好不好？”

◎ 对没能成为足球队正式选手的孩子

“还不是你练习得不够多！”→“真遗憾！不过带球比以前好很多了，接下来要提高射门能力。”

只是简单粗暴地训斥“差劲！”、“练习不够多！”，除了令孩子郁闷之外，并无益处。跟孩子一起找出症结所在，他们才会诚恳地认识错误，并接受父母的建议。

心理学上有“感化→信息→感化”的咨询方法。换言之，也就是“赞扬其优点→指出其需要改进的部分→再赞扬其优点”的方法。

“计算部分有进步，但图形部分还需要加强。比起上一次来，总的来说有进步了，接下来继续努力哦！”

如上例所示，按照“赞扬→指摘→鼓励”的顺序，一定能很好地激励孩子，使他们产生积极向上的意愿。

27 “有才能”、“有悟性”，让孩子有自信

很不好意思，接下来，我又要啰嗦几句自己家的情况。小学五年级时，我的女儿通过了《读卖新闻》社的小记者公开招聘之后，每周都参与制作周六晚报，她不是四处采访，就是撰写企划书，忙得不亦乐乎。

周围的人们往往会问：“你女儿大概很喜欢写作文吧？”其实，这对于几年前的我们来说，简直是不可想象的事。

我女儿在小学一二年级时，作文的水平很差，可以说写作曾是令她非常痛苦的一件事。

在暑假和寒假结束前的最后一个夜晚，她常常是一边挨妈妈的骂，一边心不甘情不愿地对着面前的作文本，直到我睡觉之后，她都还没完成写作任务。

第二天，拿来她的作业本一看，主语和谓语简直乱七八糟。而且，“某月某日，去了某地”，是她作文里惯例

的开头；最后又都以“很开心”、“很好玩”等毫无特色的语句结尾。

尽管如此，她自己还毫不谦虚：“爸爸，我作文写得好吧？”每当看到她那盲目自信的模样，我不由感到很失望，消极地暗想：“真差劲啊，的确没有写作才能啊。”

那么，这样的女儿，又是怎么在竞争激烈的公开招聘中突破难关，成为大型报社的小记者的呢?

唯一的答案就是，我和妻子不停地告诉女儿：“你有才能”、“你有悟性！”

——青蛙青蛙，一起来，和我薅草吧！——

——樱花樱花，你总是，好像在微笑。——

这是我女儿小学二年级做的俳句。连我也不由承认，她还是“有一点诗心”。俳句中必须加入季节语，而且还运用了拟人法——这可没有谁教过她。

当时，女儿很不擅长作文和读后感的写作，我和妻子看到她的俳句之后，决定以“你很有悟性！”为切入点，实施“赞扬战术”。

“孩子，你很有才能呢。你看，做的俳句这么棒！”

“你在表达方面有悟性，着眼点很出色。”

日复一日的赞扬，令孩子爱做俳句，而且对长文写作也不再抗拒。这，就是我们的答案。

或许是她的策略吧，至今女儿还是喜欢把作文放到长假的最后一天完成。不过，写作内容已经完全不可同日而语了。

现在，作文中的会话和拟态语具备了丰富的变化，主谓语变得明快，而以往那幼稚拙劣的感想，也变得生动起来。例如，她写的句子：“以前的记忆，渐次复苏。”

日本谚语中有云：“吹捧一下，猪也能上树”，我和妻子不停地“吹捧”孩子“有才能，有悟性”，孩子也就“顺竿子爬”，真的“爬”到了高处。

事实上，如今活跃于体育界的著名运动员中，也有很多是在父母不断肯定其才能，赞扬其非凡悟性的基础上，才获得了现在的成绩的。

高尔夫选手石川辽在小学一年级时，首次用球杆击球，他的父母看到他专心致志的样子，感受到他的才能，决定帮助他在这方面发展，最终培养出了如此成功的高尔夫明星。

网球明星锦织圭，在五六岁时就能将来球顺利地击回，他的父母感到“孩子或许有网球天分”，于是决定支持他学网球，任其按照天性自由发展，结果，他也获得了成功。

而我家呢？我赞扬了女儿的俳句，但目前还无法看到这样的赞扬会结出怎样的果实。

但是，“有才能、有悟性”的评价，的确有助于孩子发挥干劲，产生自信，这简直是具有魔力的评语。我很认真地想过：或许我女儿将会从现在的小记者起步，将来拿个直木奖或芥川奖回来呢？

28 孩子说："我想当医生"，那么告诉他："你准能当上"

"我长大以后，要当棒球联赛的明星选手！"

"我想当医生！可以救很多人的命。"

诸位妈妈，当您的孩子这样描绘他的理想时，你是否马上回答："那是不可能的"，轻易否认了梦想的可能性？又或者，您是否漫不经心地回答："哦，能当上，能当上"，然后就置之脑后了？

请看以下数据。

◆ BENESSE 教育研究开发中心"第二次儿童生活实态基本调查"（2009 年）

◎ 当你 40 岁时，你觉得自己的生活状态会符合以下说法吗？

· 生活幸福	小学生 =76.5%	中学生 =75.2%
· 在养育孩子	小学生 =64.0%	中学生 =62.0%

· 成为大家需要的人　小学生 =30.8%　中学生 =27.5%
· 成为名人　小学生 =17.2%　中学生 =14.2%
· 活跃于全球　小学生 =16.2%　中学生 =12.3%

◎ 你有将来想要从事的职业吗？(回答“有”的比例)

· 2004 年调查　小四 =64.6%　小五 =61.8%　小六 =63.6%
　中一 =60.2%　中二 =63.4%　中三 =62.5%
· 2009 年调查　小四 =57.4%　小五 =57.8%　小六 =59.1%
　中一 =58.4%　中二 =52.5%　中三 =51.5%

可见，如今的中小学生虽然在心中描绘着“生活幸福”、“养育孩子”等现实性的未来画面，但却并不见得拥有远大的理想和梦想。

比较一下 2004 年和 2009 年的数据可以发现，“有将来想要从事的职业”的比例，五年之间下降了一些。特别是初中二三年级的孩子，下降幅度更大。

这一现象的背景原因很多，比如社会结构的变化及经济不景气等，但无论有何种背景，“孩子们不再心怀梦想”这一事实真令人沮丧。

因此，爸爸妈妈们，为了让你们的孩子对未来充满期待和梦想，为了让你们的孩子鼓起干劲，一定要多多支持和鼓励他们。

特别是在小学和初中阶段，生活中有那么多的选择项，如果老是说“这不可能，那不可能”，总是叫孩子“别做白日梦了，考虑问题实际一点”，岂不是抹杀了孩子未来发展的可能性？

比如说，当孩子表示要做棒球联赛明星时，妈妈应该认真地回答：“我觉得你肯定能行！”当孩子说：“我要当医生”时，妈妈不要马上想到“私立大学医学部学费很贵”，而应该回答：“好的，妈妈会全力支持你。”

爸爸当然也一样，如果孩子说：“我长大了要当铠甲勇士！”千万不要嘲笑他的梦想根本无法实现，而要表示：爸爸会全力支持你，现在，先考虑考虑如何才能当上铠甲勇士，好不好？

如今活跃于棒球联赛的大明星一郎选手的父亲铃木宣之先生曾这样说过：

“如果父母对孩子说：‘别幼稚了，你那理想，根本就是白日做梦。’孩子肯定会郁闷得低下头去，再也提不起精神来。事实上，支持和帮助孩子实现梦想，正是父母的义务。当然，谁也不知道最终是否能够成功，但只要发现了某一方面的可能性，父母亲就有义务珍惜和鼓励孩子的干劲。”

我觉得他说得十分有道理。

认为孩子的理想“绝不可能实现”，简单粗暴地加以否定，只是成年人的解释。孩子生活在他们自己的世界中，千万不要轻易否定孩子的梦想，爸爸和妈妈必须成为孩子坚定的后援团。

这也意味着，父母为孩子提供了珍贵的支持。“爸爸和妈妈一直在身后支持着我”，这一想法将给予孩子安全感。无论孩子的梦想是什么，希望每一位父母都能够尽全力支持他。

我的女儿在小学低年级时曾说“将来想当医生”，高年级开始，她的理想改变了。她开始向往电视台、报社等新闻相关的工作岗位，后来又说想当翻译。

无论她选择何种职业，要想实现理想，都必须通过严格的考试，要对自己高标准、严要求。

但即使如此，当女儿问“我能行吗？”时，我和妻子总是回答：“能行！肯定行！爸爸妈妈都会尽全力支持你。”

当孩子想"放弃",鼓励他:"干得好!"、"只要去做,就能成功"

常听到孩子说:"这对我来说太难了"、"我不会"、"我不做了"、"算了算了"这样的话。

著名的脑神经外科医生,曾为奥运会日本代表团的游泳选手北岛康介等提供脑科学方面建议的林成之先生曾说:"总是认为'我不会'、'做不来',这样的大脑叫做'放弃型大脑'。"

虽然多少有些个人差异,但小学低年级之前,儿童一旦觉得自己做不来某事,往往会立刻放弃,很少有小朋友能够不怕困难地坚持下去。

而事实上,直到小学中年级,都有相当多的孩子无法改正"动辄放弃"的毛病。恐怕很多家长在看到这种情况时,忍不住"恨得牙痒痒",心想:"这孩子肯再加把劲就好了!"

如何让孩子们的"放弃型大脑",转变为积极向上的

“干劲十足型大脑”呢？应该说，妈妈们的日常习惯，在这里起着至关重要的作用。接下来让我们具体看看吧。

重点仍然是妈妈说的话，我先介绍一些不良的例子：

◎ 不良例子

· 孩子们诉说：“我不行”、“我做不到”时，立刻去帮助他。

· 孩子失败时，妈妈“火上浇油”：“你怎么这么差劲”、“为什么你就是做不到呢”、“我早说过你不行吧”。

· 孩子表示“你太啰嗦了”、“别说了，够了”时，妈妈一怒之下回击：“我再也不管你了”，或是严厉地管束“你适可而止吧”、“你必须听我的”。

孩子遇到困难，妈妈立刻去帮他，这就是在暗示：“单凭你一个人的力量是无法完成的。”

而追问指责或是命令的口气，会令面对困难和难关的孩子焦躁不安，烦躁易怒，甚至叛逆反抗，可见妈妈这样的反应是高风险低回报的。

以上场合，不妨换用下列方式，说不定孩子的“放弃型大脑”有机会改进为“干劲十足型大脑”。

◎ 良好例子

· 孩子们诉说："我不行"、"我做不到"时，鼓励孩子继续做下去，直到他的确无法完成的步骤为止。然后，稍微指点一下，再让他逐步靠自己的力量慢慢完成。

· 孩子失败时，妈妈首先慰劳他："你已经很努力了"，然后温和地表示："你的努力，一定会有成果的"、"孩子，你只要继续下去，一定能完成"。

· 孩子表示"你太啰嗦了"、"别说了，够了"时，妈妈不妨说说自己的经验谈："孩子，妈妈小时候，也经历过和你一样的事情"，并给孩子建议："你这样做，坚持下去，一定会进步，最后会做得很好。"

为了令孩子不再轻言放弃，培养他们坚持不懈的精神，最重要的一点是让孩子坚信"自己能行"。

为此，妈妈虽然可以提供帮助，但最终要确保孩子是凭借自身的力量完成任务的，令孩子深深感到："我是靠自己的力量克服困难的！"

妈妈可以不时温和地慰劳孩子"下次一定会成功"，鼓励孩子产生"好！那我就再试试看！"的想法。

还可以通过妈妈自己的经验之谈，为孩子提供有价值的建议，这样，孩子会明白“原来妈妈也经历过这样的难关，翻越过这样的障碍”，从而令孩子恍然大悟：“啊，原来我这样做就可以了”、“我明白了，就这么做！”

再重复一次，治疗“放弃型大脑”的特效药，就是肯定孩子至今为止的努力，并将“我能行”的想法深深植根于孩子的脑海里。

为了避免孩子成为那种进入社会后，一遇到困难就立刻想要逃避和放弃的懦夫，在他们小时候，妈妈就必须通过安慰和鼓励，帮助他们培养积极向上的坚强精神。

30 忽略“×”，关注“○”

大部分妈妈总是不由自主地关注孩子的缺点——我们家也一样。

考卷发下来以后，妈妈们往往不太关心打上“○”的正确答案，而总是盯着打了“×”的错误部分；而拿到家校联系簿之后，妈妈们也经常忽略比上学期进步的地方，却很在意“成绩”及“学习态度”等似乎退步的部分。

校外的补习班和兴趣班也一样，比起孩子有进步的地方，妈妈们更热衷于在孩子失败时横加指责。

无论何种场合，当孩子的成绩不尽如人意时，他们自己肯定会意志消沉，不但丧失了信心，还会担忧：“不知道爸爸妈妈会怎么批评我呢？”

这种时候，请记住，无论如何都不能针对“×”的部分穷追猛打，如果这样做了，你就是个应该打“×”的不合格的家长。

我希望家长们能够多多关注孩子“○”的部分。

“这次虽然数学考得不好，但语文有进步。”

“成绩算不上出色，不过，你的‘学习态度’上，老师打了很多‘○’哦。”

“游泳方面，蛙泳比以前游得好了。”

孩子哪怕只有一丁点的进步，都别忘了立刻鼓励和赞扬他。特别是当孩子在一向不擅长的科目上取得了小小的成果时，更要强调：“哇！你本来理科不太好的，这次居然有 70 分？妈妈太高兴啦！”

不要因为孩子只得了 70 分，分数是班级倒数就唉声叹气，多多肯定他的努力吧。

当然，或许有妈妈会感叹：“咱们家孩子，我怎么拼命找，也找不到他的任何闪光点呢？”那么，不妨看看孩子生活态度方面的进步，不要吝啬诸如“真棒”、“妈妈很高兴”、“为你骄傲”等赞语。比方说：“这两个学期，孩子你没病没灾，每天按时上学，这也很了不起！”或是赞扬孩子：“你现在肯跟人打招呼了，妈妈很高兴。”

有些妈妈容易感情用事，动不动就严厉批评孩子犯错的“×”部分，对于这样性格的妈妈来说，首先需要戒除严苛指责的习惯，养成温和说理的习惯。

· 你不好好做，肯定会失败！→你要是能这样做，妈妈会很高兴的。

· 你适可而止吧！→下次再犯同样的错，就是第五次喽。那妈妈要生气了。

· 我不管你了！→妈妈相信你会按我说的做，妈妈等你。

· 快点学习！→早点做好功课，就可以吃点心喽。

· 你要听我的话！→孩子，你不想听妈妈的话吗？那以后你说什么，妈妈也不听了，可以吗？

以上举的例子，都是妈妈们容易顺口而出，令孩子受到伤害的话语。换成我推荐的说法后，孩子们应该会比没头没脑挨骂的时候，更有学习劲头吧。

31 笔记本上的小红花，鼓起孩子的干劲

孩子在学校和补习班经常使用笔记本。他们将老师书写在黑板上的内容抄写下来，或是将自己的想法归纳成文，有时还要在笔记本上练习写字和算算术，没有笔记本，就无法完成学校布置的任务。

另外，在学习生活中，经常有老师要求孩子提交写字本、日记本、社会活动课的自由研究练习簿等。

可见，笔记本发挥着“记录”、“记忆”、“思考”、“表达”等多种作用，写在其上的内容，经过反复练习和学习后，将成为学业进步的起点。

因此，不仅仅是孩子，就连妈妈也应该学会充分利用笔记本。

首先，通过孩子记笔记的情况，可以轻易把握他们对课程的看法，也能够了解他们学习上的弱点和难点。

如果爸爸妈妈平时并不常查看孩子的笔记本，只是简单粗暴地评价：“笔记记得很差劲啊！”孩子迟早会拒绝让你检查笔记本，并且开始痛恨记笔记这种学习方法。所以，妈妈必须提高检查笔记的频率，确认孩子是否在专心学习，是否跟得上学校的进度。

另外，我希望妈妈们学会善用笔记本，与孩子建立起和睦的关系。

·当孩子的笔记记得好时，别忘了表扬他 = 孩子的字不一定要多么漂亮，但笔记的标题和重点一定要清晰，重要内容要划好标记线，记录简洁明了。做到以上几点的话，及时表扬他。

·当孩子成绩差强人意时，表扬他的笔记 = 当孩子考试分数不高，找不到赞扬的理由时，可以表扬他“最近，字写得越来越漂亮了”、“笔记整理得越来越清楚了”。

·在允许父母涂写的笔记本上，给孩子画上小红花，或是写上赞扬的话语。

特别要注意：最好一边看着笔记本，一边表扬孩子，这样他们就会更加干劲十足。

老师会在学生提交的笔记本上写一些评语，诸如“写得不错！”“最近很用功！”等。妈妈看到这类评语时，不妨在后面加上“太棒了！”“太好了！”等，加强印象。

如果家长不可以随意在笔记本上涂写，那么就要口头表扬；如果笔记本可以涂写，妈妈可以在上面画上圆圈或大大的红花——这样一来，孩子准会精神抖擞：“好！接下来看我的！”

当孩子在作文或日记中记述和家人的美好回忆时，妈妈可以写上一句读后感：孩子，你这么努力，让妈妈好感动。

孩子定会加倍开心，增强了积极向上的信心。

善于利用笔记本，可令它成为妈妈和孩子心灵交流的舞台。

最近，我们周围的环境进化成信息社会，即使亲密如家人，对于不方便当面讨论的问题，也往往选择用短信商量。但如果我们通过在笔记本上交流想法，建立起亲密和睦的亲子关系，那么这个好习惯将能够更好地启发孩子产生干劲。

32 体育节目和卡拉OK，也是培养干劲的好教材

准备一些孩子感兴趣的材料，这对于鼓励孩子有干劲会产生非常实际的效果。这些材料可以是：运动员，也就是那些体育明星的故事。

◆ 日本 PTA 全国协议会“儿童与媒体相关意识调查”（2009 年）

◎ 小学五年级学生受电视影响的人物

· 搞笑艺人、滑稽演员	35.1%
· 运动员	32.6%
· 动画片和漫画人物	31.4%
· 歌手或音乐家	25.5%
· 演艺明星及艺人	16.3%

调查结果发现，通过电视节目影响着孩子的人物中，运动员占据第二位，比例是 32.6%。在对初中二年级学生进

行同样的调查后发现，运动员这一回答的比例为35.5%，和小学生一样，占据了很大比例。

可见，赛场上运动员的英姿，对孩子们产生了深刻影响。我们不妨好好利用这一点，鼓励孩子鼓起勇气，使出干劲。

第一，向孩子讲述运动员们在训练中付出的汗水和努力。

我们不能泛泛地随口说“哦，真央选手又赢了”、“城岛真了不起”，而是要将选手为何能够获得如此成绩，具体地讲述给孩子听。当然，具体的程度，可以按照父母在报纸上看到的内容而定。

“浅田真央为了在比赛中完成阿克塞尔三周跳，足足练习了几百次呢。没有谁不经过艰苦练习，就能赢得比赛，对不对？”

“城岛健司在参加联赛时，曾经把对手的弱点一一记在笔记本上，并且提前考虑相应对策。正因为他事先做了充分准备，才最终取得了胜利。”

在第1章中已经提到，我们必须让孩子明白“荣誉背后是艰苦的努力”、“努力之后必获成功”的道理。

观看实况转播之后，趁孩子还沉浸在观赏比赛的兴奋中，及时告诉他这些获得成功的运动员们的经历，会有助于孩子产生代入思维。

特别是在举办奥运会和世界杯这样的体育盛会时，那时的电视和报纸都会连篇累牍地报道运动员们的努力轨迹，这时你不妨让孩子多看多读这样的新闻，争取在他们心中留下积极的印记。

就体育比赛本身来说，胜败乃兵家常事，家长可以强调失败者祝贺胜利者时的大度和从容，将失败者所说的“我会继续努力，争取下次比赛获得胜利！”这样自我激励的话语，作为一种坚持不懈的精神和积极向上的姿态，传达给孩子。

除了体育赛场，就连卡拉OK厅，也可以变身为孩子的学校。

比如，SMAP的《世界唯一的花》也好，安吉拉亚季的《敬启者：给15岁的你》等歌曲中，都有很多美妙无比、能够令孩子产生共鸣和上进心的歌词。

不妨和孩子一起唱这样的歌，然后告诉他们：

“不一定要事事第一，你只要珍视自己独一无二的优势即可。”

“很多人都会经历挫折，此时不要气馁，相信自己，乐观生活就好。”

这样的场景之下，孩子更容易理解父母的教导，比起举其他例子更有效果，孩子有很大概率产生“我要努力乐观的生活”的想法。

33 承认孩子的独立性，让他们多与成年人交流

孩子总是对成人的世界充满好奇，想要踮着脚看看风景如何。他们对父母的对话很感兴趣，也很想了解妈妈和邻居们闲聊的内容。

“妈妈，你刚才跟爸爸在说什么呀？”

“妈妈，你刚才跟邻居阿姨说什么了？”

当您的孩子追问个不休，就表示他充满了好奇心，并且希望你能把他当成一个独立的个体来对待。根据我的个人印象，女孩子比男孩子在这方面的倾向更为明显。

但我认为，无论男孩女孩，让他们参与到成年人的会话中来，一定会带来很多好处。

孩子能够与大人平等对话，他就感到自己是个受尊重的独立的人，容易产生自信和安心感。

同时，这对于孩子增长社会见闻、增加对世界的认识也有长足的好处，我将在第 4 章和第 5 章中详细说明。

我和妻子常常带女儿去参加邻居们举办的聚会，这令她认识了很多人，如今，她已经结交到了很多好朋友，每天和他们一起带狗散步。以狗为媒介，我的女儿和邻居叔叔阿姨能足足侃上几十分钟呢。

女儿太爱说话，有时也令我头疼。但我相信，通过与父母之外的成年人的对话，“我也是社区一员”的意识将油然而生。

另外，孩子对“处理垃圾的规则”、“防盗对策”等都颇有心得，对居住地区的社会问题充满了兴趣，这种兴趣还逐渐扩展到了城市和国家层面——想必，与邻居叔叔阿姨的对话，功不可没吧！

有些妈妈可能会问：“成年人的聚会，有时候会讨论一些并不希望孩子过早了解的话题，带他们去，合适吗？”

要知道，如果您带了孩子去参加聚会，我可以保证，您的朋友一定不会像平时那样随便，说些不适合孩子的话题，所以，我认为您不需要担心。

多带孩子参加邻居聚会，孩子在与父母之外的成年人的交流中，会自然学会这个世界的结构和社会规则。

爸爸和妈妈，当你们的对话并无不适合孩子的内容时，也可以让孩子参与到你们夫妻间的交流中来。

诸如“房贷转按揭”、“购买墓地”等家务事项，只要孩子表示有兴趣，就可以让他参加你们的家庭会议，一起出谋划策。

这样一来，孩子产生了强烈的自信：“我也是个很重要的家庭成员！”以后，他对各种事务都会积极面对，绝不逃避。

经常有人说，当你和孩子对话时，最好蹲下身来，直视他的眼睛，让孩子能够看着你的脸。

这是因为，当双眼在同一水平面时，孩子不用抬头看你，也不会感到压抑，交流起来更容易。不过，家长虽然可以弯下腰，蹲下身，在身姿上配合孩子的身高，但在谈话内容上，却完全不必这样做。

有些家长会严肃地让孩子回避一些问题，常常会说：“孩子，现在我和你爸爸有重要的事情要谈，你去自己的房间吧！”

孩子一听，觉得被排斥在外，心情会很失落。所以你应该这样说：“妈妈和爸爸现在正为了搬家的事情烦恼呢，你能给我们出出主意吗？”

即使孩子还不能很好地理解现实社会，但这样的邀请，足以在他心里留下永远的烙印。

34 让孩子自行决定目标，品味成就感

职场上，要想尽快令年轻员工产生干劲，精神百倍地投入工作，有个效果最快的好办法就是：“让他不断体味小小的成功，日积月累。”

我在电台工作，以我的工作环境为例，要想让新入行的记者或导播充满自信、满腔热情地投入工作，首先应该要让他们负责一些简单的采访和节目制作。一旦他们顺利完成了这些难度不高的目标，自然会产生“不错！我能行！”的自信。

如此简单至极的方法，用在孩子身上，也是非常有效的。

第一阶段，让孩子自己设定目标。让孩子自行发布“目标宣言”。

“目标宣言”一词，听起来好像是某政党的选举公约，其实呢，孩子最开始的目标，很可能是非常简单而幼稚的：

“从这个星期开始，要自己主动起床每周至少达到三次，尽量不要让妈妈叫我了！”

“从这个星期开始，每天做 15 分钟算术题。”

此时的重点是，当孩子给自己设立过高的目标时，妈妈要劝导他降低要求。

这是因为，如果孩子设立了“现在开始，我每天都要早起！”、“我每天要做 1 小时算术题”的目标，或许从第一天起就无法完成。与其让他在一开始就受挫，丧失信心，还不如让他从较低的目标开始，脚踏实地地取得进步。

当然，即使是很低的目标，只要孩子完成了，妈妈也要“大张旗鼓”地表扬一番，最好表现得激动一点。当然，妈妈仅仅说：“孩子，你看，试着做做，发现很简单吧？”“尝试一下，发现很顺利吧？”也能令孩子很开心，但如果妈妈表现得夸张一点，激动一点，能使孩子的干劲倍增。

比如，孩子的目标是：“这个星期开始，只要天不下雨，我就练习‘卷身上’。”若是孩子真的做到了，妈妈要多表扬他：“孩子，你真有毅力，真遵守诺言。妈妈都要尊敬你。”这样，孩子会充分体会到成就感。

当孩子终于掌握诀窍，首次完成难度颇高的“卷身上”时，更要以夸张的表情大肆赞扬：“天哪，太了不起了！刚才是什么？你做的卷身上这个动作，简直漂亮得好像奥运会体操运动员呢！”

诸如“小学阶段通过英语检测考试二级”、“考上理想的初中”、“在钢琴比赛中获得冠军”等长期目标，正处于小小的成功体验的延长线之上。

因此，首先让孩子设立容易达成的目标，这些目标必须是他肯定能完成的。然后，在第二阶段，让孩子设立难度稍高、完成时间稍长的目标。需要注意的是，目标必须由孩子自己决定。

政治家的目标宣言，不只是令选举获胜的工具，更不是脱口而出的随意承诺，所以，孩子和妈妈之间的约定，如果不是能够实现的目标，就失去了意义。

从较小的目标、较低的难度开始，积累一个个成功经验，孩子的干劲和积极性自然会逐渐提高。

“等待”、“委托”、“注视”的重要性

妈妈要如何对待孩子，才能更好地促使他们发挥干劲呢？本章将对这一课题进行具体叙述。

我认为，若要追根究底，可以浓缩为以下三项：“等待”、“委托”和“注视”。

◎ 让孩子提起干劲，妈妈要做到以下三点：

- **“等待”＝ 尊重孩子“想做”的心情，耐心等待。妈妈不要急于求成，多用话语鼓励孩子，等待孩子自发地行动。**
- **“委托”＝ 妈妈不要替孩子包办一切，让孩子明白自己的事情要自己做。**
- **“注视”＝ 发现孩子的优点，通过积累小小的成功体验，让孩子充满自信，妈妈只需在旁边注视，看着孩子靠自己的力量成长。**

“等待”、“委托”和“注视”，都是被动的姿态，而不是积极地去帮助孩子做事。但是，以上三点决非放任自流，而是妈妈保持随时可以伸手协助的状态，同时信任孩子自己的能力，在可以旁观的时候袖手旁观。

我在进行与考试和教育问题相关的采访中，有时会遇上喜欢抢话的父母。

比方说，当我问孩子："上初中以后，想要参加学校的什么社团活动？"孩子还没来得及搭腔，妈妈就抢着说："不是网球，就是羽毛球，对吧？"

孩子正准备把松散的鞋带系好，妈妈却抢着帮忙："呀，鞋带散啦？妈妈帮你系！"结果，孩子呆呆地站着，妈妈蹲下身去系了。

更典型的是春游或秋游的前一天，妈妈可能全部包办了："孩子，明天春游要带的东西，都给你放在书包里了哦！"

其实以上的各种场景，最好是孩子自己来回答、自己系鞋带、自己准备东西，父母抢着帮忙，导致孩子丧失了自行思考和行动的机会。

另外，还有相当多的妈妈很喜欢替孩子找借口：

"这次正好出的题目都是我孩子不擅长的，真可怜呀。"

“对方球队的练习量完全不可同日而语嘛，你们赢不了也很正常！”

即使孩子自己明白：“我虽然不擅长阅读理解，但这次要是再多看几遍，多做几题就好了”、“很明显，我们队练习得太少。”但一听到妈妈替自己找的借口，孩子也就认为：“反正我怎么失败或者犯错，妈妈都会帮我找理由的。”——这可是一个非常不好的现象。

事实上，要想让孩子干劲十足地迎接挑战，必须引导他们自己思考、自己尝试。无论爸爸还是妈妈，最好先待在一边旁观，等待孩子自行思考和开展行动。不要担心孩子的失败，就在一旁安心注视着孩子靠自己的力量顺利成长的身姿吧。

36 告知起名“大翔”、“阳菜”的原因

活跃在美国棒球联赛赛场上的松井秀喜选手的名字“秀喜”，据说有着以下含义：

“无论是在体育运动还是其他项目上，我们都希望你成为有一门特长，并且因此而喜悦的孩子。”

高尔夫明星石川辽的名字则来源于父母的美好祝愿：“希望孩子能够去往我们不曾了解的，更加辽远广阔的世界中去。”

几乎所有孩子的名字，都包含着父母的希冀：“希望孩子能够达成这个愿望。”

明治安田生命保险公司每年都会发表“名字排行榜”，2009 年，“大翔”和“阳菜”分别是男孩名和女孩名的第一位。可以想象，“大翔”意味着“希望你在广阔的天空中尽情翱翔”，“阳菜”则意味着“希望你顺利成长，舒展在阳光下”。

这里需要强调的是，松井选手的父亲松井昌雄和石川辽选手的父亲石川胜美，经常在大众媒体上露面，他们俩的教育理念是："养育孩子的诀窍只有一个，就是建立起亲子之间的信任关系"、"父母必须为孩子的本质负责任"。

给孩子取名"秀喜"和"辽"，也是一种熏陶，在父子相处的过程中，这一熏陶逐渐渗入了孩子的心灵之中。我们普通人，也不妨多多利用给孩子起的好名字。

首先，父母想一想，通过孩子的姓名寄托了怎样的期望？想想看，是否按照这一期望在培养着孩子？

我觉得，与其一而再再而三地催促孩子"快去学习"、"快做练习"，不如将你们的期望告诉孩子：

"希望你无论身处何处，都是最闪亮的第一名，所以起了'一辉'的名字。"

"希望你的所有优点，在将来都会美丽地盛开。所以起了'美咲'这个名字。"

我相信，孩子听了之后，很可能会想："是这样的啊！好！那我一定要成为配得上这个名字的人！"

在东京和关西一带，父母们十分重视小学入学面试这一关，据说这种面试简直到了白热化的程度。而家长面试又是能够大幅度影响孩子入学与否的一关，当中肯定会出现关于孩子名字的问题。

“您给您儿子起了这样的名字，请问有什么理由吗？”

“您女儿的名字有什么来历吗？”

我觉得，这样的提问非常切中肯綮。

名字，可以说是凝聚了父母期待和愿望的结晶，也可以说是窥探父母对子女教育理念的一个重要窗口。

从孩子的角度来看，在了解了自己名字的含义之后，不但会明白父母的苦心，还会产生不辜负父母期望的意愿。看来，我们都要试着跟孩子聊聊他们的名字，是不是？

第4章

妈妈好习惯，孩子好学力

37 10岁之前动手，10岁之后动口

在我采访初中考试情况的过程中，曾专门调查过优等生家庭，我发现，很多这样家庭的家长从不会催促孩子“快去学习！”

那么，为什么他们成绩会这么好呢？

答案很简单：因为这些孩子在小学高年级之前，就已经养成了“坐得住”的习惯。

大多数孩子并不爱学习，妈妈们也不会强迫他们。之所以成绩那么好，完全是“习惯”的力量。而要想向孩子施展“习惯”的魔法，最重要的一点就是：妈妈一定要在他身边。

只要孩子意识到“妈妈就在我身边，就在我抬眼可见的地方守着我”，他就会充满安全感。

而对妈妈来说，与其让孩子独自在他自己的房间里学习，还不如让他就在自己视线所及的地方做功课，这样，既方便把握孩子学习上的困难和弱点，又可以了解孩子擅

长与不擅长的部分，便利地帮助孩子解决问题。

◆ 针对东京地区著名初中录取生的独立调查（2008 年）

◎ 你主要在家中的什么地方学习？

· 开成中学录取生 25 名详细回答	餐桌上或客厅里 =15 人
	自己的房间 =8 人
	无回答 =2 人
· 樱荫中学录取生 16 名详细回答	餐桌上或客厅里 =11 人
	自己的房间 =5 人

以上是我亲自进行的调查，样本数虽然不多，但采访对象全部都是考取了东京地区最著名初中的优秀学生，而他们当中，在餐桌上或客厅里学习的人占了绝大多数。

另外，有些顺利进入名校的学生家长还曾这样表示：

“小学低年级时，孩子还小，所以我认为就在我身边学习，她会比较容易集中注意力。到了高年级，连我也觉得她的功课有点难，有时我也做不来了。而孩子已养成了坐在书桌前好好学习的习惯，所以一切都靠她自觉了。”浦和明星女子初中录取者的父母这样说道。

“我的孩子没有独立房间，平时都在餐桌上做功课。无论是从促使他养成好的学习习惯的角度，还是父母立刻解答孩子学习问题的角度来看，餐桌都是最好的学习场所。”这是海城初中录取者的父母的看法。

以上例子，都说明了为什么要让孩子在父母视线所及之处学习。很多培养出好学生的家庭，都是从小学低年级开始，就让孩子养成了良好的习惯。

小学中年级开始，课程增加了理科和社会科，算术和语文也越来越难，在这一阶段，妈妈们一定要随时解决孩子的学习问题，帮助孩子养成愉快学习、专注学习的习惯——即使只是短时间的。

当孩子养成一定的习惯之后，妈妈可以不再直接解答他的问题，而是多对他说“干得不错！”、“了不起！”、“你的努力肯定会有成果”等赞语，多做正面评价。

已经养成良好学习习惯的孩子，不再需要细致入微的指导，只要妈妈在一旁，从稍远处温柔地注视他，用充满母爱的语言慰劳他，就足以帮助他茁壮成长。所以，我建议诸位家长，在孩子10岁之前动手帮他，10岁之后动口鼓励他，确保与孩子的交流和沟通顺畅。

38 重视时间和场所的固定性

要让孩子养成良好的学习习惯，还有个重要的诀窍：让他们在固定时间和固定场所学习。

假如孩子每天的学习场所不同，比方说“周一在自己的房间学习、周二在餐桌上做作业”，孩子就会缺乏安全感和稳定感。

如果每天的学习场所不一样，孩子就很难立刻“切换”到“学习模式”，可能产生“随便把功课搞定得了”的想法。如此敷衍了事的态度，怎么可能养成好习惯呢？

而如果每天的学习时间不一样，本身就会破坏“习惯的培养”。如果今天从晚上六点开始学两小时，明天又完全不学习，后天从晚上八点开始学 30 分钟，这种方式太过随意，空白时间过多，学习习惯完全无法定型。

为了让孩子提高学力，为了让他们在长大以后进入社会都能够继续坚持学习，我们首先要帮助他们将学习的时间和场所固定下来。

◎ 适合“培养习惯”的场所和时间的固定例子

- 下午三点左右　放学，到家，边吃点心边休息
- 下午四点　学习（游泳、钢琴、补习班、英语会话等）
- 下午五点　在餐桌上做完作业（30 分钟左右）
- 晚上六点　妈妈和孩子一起在餐桌上学习（30 分钟左右）
- 晚上七点　晚饭

以上只是简单的日常例子，人物设定为：全职妈妈和小学三四年级的孩子。每天傍晚的同一时间，妈妈都要确保孩子在餐桌上学习，即使时间短一点也没关系。

大家也可以根据自己家庭的实际情况，设定固定的学习时间和场所，尝试一下。在现实生活中，以上的例子或许实施起来并不顺利，这是因为妈妈总会有各种各样的事情，有时无法保证和孩子一起学习的时间。

“晚上有个电视节目，我是一定要看的，娱乐节目嘛。

今天不学习了，早点吃完晚饭吧！”

“老公回来会很晚，孩子的钢琴课结束之前，我去附近的购物中心逛逛吧，晚饭就晚点吃。”

很有意思吧？有些妈妈平时总是殷切期盼着孩子聪明、成绩好，可自己却欠缺毅力，为了一点乐趣，破坏了孩子的正常生活规律。

妈妈首先要管理好自己，保证孩子每天能够以同样的节奏和规律学习，至少，你要坚持到孩子养成自觉学习的好习惯为止。

和孩子坐在桌边，一开始可以是一起学习 5 分钟或 10 分钟，逐渐增加到 30 分钟至 1 小时，这样，妈妈自己就能养成陪伴孩子学习的习惯。

孩子的生活规律，其实也反映着妈妈的生活习惯。

妈妈可以把自己想看的娱乐节目录下来，以后再看；而如果想去逛街购物，最好换个时间，不要影响孩子。妈妈们如果能为孩子营造一个每天在固定时间、固定地点集中精力学习的环境，那可就太好啦！

39 学会思考，比学会记忆更重要

只要是有孩子的人，谁都怀有这样的憧憬：“真希望孩子能考入理想的学校”、“真希望孩子将来能进入稳定的公司”。正因为如此，家长才会灌输给孩子大量知识，希望孩子在考试时取得高分，不由自主地要求孩子“快去学习！”、责备孩子“你想玩到什么时候？”……父母这样的行为常常逼得孩子无可奈何。

我也为人父母，当然也有着同样的憧憬和要求。不过，家长希望孩子提高学习能力的话，千万不能仅仅重视知识的灌输。

为什么呢？因为现在这个社会上，无论是入学考试还是求职应聘，都不是仅凭知识量来一决高低的。

以东京地区及关西地区热火朝天的初中入学考试为例。在最近几年，考试题目中时常出现有关地球温室效应、政治及经济动向、老龄化社会、冲绳美军基地等时政问题，并要求学生以记叙文形式写出自己的思考。

可见，学校不再单纯测试孩子们的知识量，而开始重视孩子的思考能力和表达能力，希望录取到能适应初高中六年一贯制——也就是有发展潜力的学生。

——请你写一篇200字以内的短文，描述你实际感受到的地球温室效应，以及你自己为防止温室效应继续恶化而准备做的努力。

——民主党在众议院拥有压倒性优势，如果该党在参议院也获得过半数支持，那么可能发生什么呢？请用100字左右回答。

为了较好地回答以上问题，孩子只靠在学校和补习班的学习是远远不够的，还需要在家中就养成勤于思考的习惯，以及表达自己意见和感想的习惯。

最近，采用AO（admission office）测试的大学也越来越多。这种考试和普通高考不一样，它是通过面试来衡量和判断学生的个性和适应能力，并决定录取与否的方式。这也说明大学不再完全信任填鸭式教育灌输出来的知识量，同时也要测试考生的思考能力、表达能力和创造性，希望招收到高素质的学生。

对于初入社会的新鲜人而言，大公司的面试也是鱼跃龙门的一个关卡。最近几年，很多公司的招聘方式也发生了变化。

◆ 日本经团连“新人录取相关问卷调查”(2010年)

◎ 企业选拔时重视的要素

· 第一名 = 沟通能力　81.6%

· 第二名 = 主动性　60.5%

· 第三名 = 协调性　50.3%

以下依次为：挑战精神48.4%、诚实度38.9%、责任感32.9%。

从调查结果可以发现，企业方并不仅仅看重高学历，事实上，他们更重视思考能力、表达能力及行动力。

当然，思考和表达的前提是拥有一定的知识储备，知识永远是非常重要的。

但是，为孩子的将来着想，妈妈们不仅要注重培养孩子的“记忆能力”，还要重视孩子的“思维能力”，我希望每一位母亲都能帮助孩子学会积极思考。

40 尝试提问，让孩子无法仅用“YES”或“NO”回答

那么，我们该怎样诱导孩子养成积极思考的好习惯呢？

日常生活中，妈妈们要注意：多问孩子一些无法仅用“YES”或“NO”就能回答的问题。

换句话说，妈妈们要提高向孩子问“为什么”的频率。

请看以下调查结果。

◆ BENESSE 教育研究开发中心“第一次儿童生活实态基本调查”（2004 年）

◎（针对小学生）你是否擅长以下项目？

·记住事物	擅长 =61.9%	不擅长 =37%
·从多个角度考虑问题的解决方案	擅长 =37%	不擅长 =61.5%
·想出其他人想不到的招儿	擅长 =39.9%	不擅长 =59.3%

· 将自己的想法归纳成文　　擅长 =36.2%　不擅长 =62.6%

· 当众发表自己的想法　擅长 =32.5%　不擅长 =66.3%

· 有条理地考虑问题　　擅长 =29.6%　不擅长 =69%

由上述数据可见，超过半数的小学生擅长“记忆”，但并不擅长“多角度考虑问题”、“出奇制胜”、“将自己的想法归纳成文”以及“在众人面前发表想法”。

在初中生和高中生中也做了同样的调查，我们发现，随着孩子逐渐长大，这一倾向表现得越来越明显。

从数据来看，觉得自己不擅长“多角度考虑问题”的初中生有 78%，高中生则有 83%。

也就是说，如果不在小学阶段培养良好的思考习惯，那么随着年龄增长，这一习惯的习得，将越来越困难。

解决这一问题的关键就是：不要再问可以用“YES”或“NO”回答的问题，也就是要多问孩子“为什么？”

◎ A 型

妈妈：“今天，在学校里开心吗？”

孩子：“嗯。”

妈妈："跳绳比赛还顺利吗？"

孩子："嗯。"

◎ B 型

妈妈："今天，在学校里做什么啦？"

孩子："上午，老师把考卷还给我们了，下午是跳绳比赛。"

妈妈："啊，语文卷子是吧？怎么样？"

孩子："阅读理解错了两题，不过字都写对了。"

妈妈："都写对了？很厉害啊。你觉得自己为什么这次会都写对了呢？"

孩子："因为我用功练习过。"

妈妈："是呀！因为你用功了。那跳绳比赛呢？"

孩子："老是被绳子绊住，跳得不好。"

妈妈："是吗。那可真遗憾。为什么老是被绳子绊住呢？"

孩子："因为我一点儿都没好好练。"

两相比较，A 型的对话中，孩子只用回答"YES"或"NO"就行了，而 B 型对话能促使孩子思考原因。

我们可以从这样的简单对话开始，逐渐加大难度和深度，提高孩子的逻辑思考能力和表达能力。

例如，让我们想象一下，商量暑假家庭旅行的场景。

大儿子说要去“海边”，大女儿说要去“山里”，妈妈却可能另有主意：“索性我们一起去北海道吧？”而爸爸呢，却说：“还是去我们公司的疗养院吧。”这样一来，餐桌上就摆上了四个方案。

越是在这样的情况下，家长就越是应该好好利用“为什么”来提问，让儿子、女儿，乃至所有家庭成员，都来说说自己的理由。

一开始，可能孩子只能给出“因为我想游泳嘛”、“山里让人心情好”等简单的答案，那么，父母可以给他们留下这个课题：“好，三天以后我们再商量一次。到那时，你们要把自己的理由好好说给大家听，争取说服对方，好吗？”

孩子自然会仔细考虑“到了我提议的地方，可以有怎样的开心事”、“去了那里，全家人都能获得怎样的好处”，为了说服另外三个人，他们会努力思考，争取做个符合逻辑的说明。

这种时候，也可以帮助孩子培养良好的表达习惯。

◎ 提升思考能力和表达能力的良好习惯

· 表述理由　　　我觉得海边比较好。理由如下：

· 关联他人　　　因为山区离家近，全家人都能享受山区假期，所以我才会提出这个建议。

· 类比推理　　　比较这两个提案，相同点是○○，不同点是 ××。

· 确认　　　　　哥哥觉得海边好，是因为○○这个原因吗？

· 假设　　　　　如果这次也去海边，那我们不是连着三个暑假都去同样的地方了吗？

事实上，香川县观音寺市立一谷小学，在成为研究指定小学之后，开始让孩子学习上述以句型为基础的表达方式，结果，这个小学的学生在全国学力测试及县学力调查中，成绩取得了突破性的飞跃。可见，培养仔细思考、流畅表达的习惯，也是提升学力的一条途径。

请诸位妈妈，在家中也不要忘记经常向孩子提问“为什么”，这样有助于培养孩子的思考能力和表达能力。

41 让孩子体验成功的喜悦和失败的悔恨

前文中介绍过 BENESSE 教育研究开发中心的调查，其中有个问题是“你学习的目的是什么？”越是成绩好的学生，他们的回答就越是积极而乐观：“因为解决了问题，我会很开心”、“因为学习能帮助我掌握多种思考方式。”

以上回答的比例，要比认为“学习是为了进入好的初中和高中”、“成绩不好，会被父母骂”的学生高很多。

妈妈在家庭中充当着孩子“导师”的角色，妈妈在学习上给孩子做个引路人，让孩子感受到“学习是件开心的事”、“学习本身很有趣”，是非常必要的。

我在第 3 章中提到，要让孩子从小事积累起成功的经验，其实，同时还要让孩子自己解决问题，体会到“解决啦！”、“我能行”的喜悦，这对于积累成功体验也是十分重要的。

学习这件事，一旦理解了就会很有趣。但如果不求甚解，稀里糊涂，就容易厌学。而孩子要是发生了厌学症状，就容易造成恶性循环：

“写字这种玩意，反正电脑会直接转换，不学也行。”

“算术什么的，将来到底有什么用啊？”

为了防止孩子发生这种情况，妈妈要尽早发现他们学习上的难点和问题，尽快帮助解决，帮助他们理解。

另外，孩子如果动不动就对学习产生厌倦，妈妈们就要动脑筋，让学习成为“愉快”、“有趣”的代名词，这样有助于孩子提升学习能力。

因此，我们应该最大限度地灵活利用所有孩子都具有的“竞争心”、“游戏心”以及“希望获得父母认可，希望获得父母表扬”的愿望。

◎ 令孩子感受到“完成”的喜悦和“解决”的感动

- **先返回到低一点的层次，让孩子做一些基础练习，首先帮助他建立自信。**
- **妈妈和孩子比赛做算术题，把它当成一场游戏。**
- **孩子每解决一道问题，妈妈就用“了不起”、“真棒”、“努力有了成果”等赞扬他。**

妈妈注意以上几点，让孩子充分体味“成功”的感动，他们就有会产生主动学习的自觉性。

而当孩子能够自觉学习之后，不妨在某种程度上，让他尝一尝“失败的悔恨”。

孩子们本身就有着旺盛的好奇心和挑战性，一旦遭遇挫折，很可能反而产生超越障碍的强烈意愿和勇气。

特别是天生好胜心强、忍耐力强或是有毅力的孩子，不妨故意让他们去挑战难关，培养他们勤于思考“如何才能解决问题”的习惯。

而意志力薄弱、缺乏好胜心、容易自暴自弃的孩子，是否就应在温室里成长呢？很多家长为了避免这些孩子受伤害，总是防止他们遭遇失败，时时刻刻地保护和帮助他们——而这其实正是他们消极性格的成因之一。

对于这类孩子，妈妈们仍然要毫不手软地让他们尝到失败的滋味，但同时，也要介绍妈妈的人生经验，并对他们已经完成的部分进行表扬，帮助孩子品味“失败的悔恨和悲哀”，并勇敢地面对它们：

“妈妈小时候，也经历过同样的失败，当时，我是这样战胜困难的。”

“这个部分失败了，但那里却做得不错哦！”

这样，孩子会按照自己的步骤去寻找失败的原因，争取改进。他们学习到应对问题的方法，就会逐渐产生自信心。

42 通过游戏感觉，培养学习习惯

有些孩子对学习老是提不起兴致，即使让他在餐桌这种妈妈随时可以看到的地方做功课，他也会经常走神，若是妈妈表示想和他一起学点儿什么，他也提不起劲。此时此刻，妈妈们就要学会利用孩子与生俱来的“玩心”。

前面我已经提到过，妈妈可以和孩子一起抢着做算术题，其实，我们还可以让学习内容变得更有趣味哦！

比方说，来玩个山手线游戏吧：JR 山手线是驰骋在东京的电车线路，有 29 个车站。无论是识字练习，还是算术应用题，都可以运用这些站名，创造出独特的游戏规则来。

以新宿站为起点，完成一道题之后进入新大久保站，完成两道题后进入高田马场站，也就是每攻克一道题，就前进一站，这样，完成 29 道题之后，回到新宿站。

如此一来，曾经痛苦的学习过程变身成了游戏，孩子很可能产生冲劲：

“昨天我已经到上野站了，对吧？今天搞定两道题目，我要去秋叶原站！”

我女儿读的是东京都内的私立小学，每年冬天，为了锻炼身体，孩子们一大早都要在操场练习长跑，他们学校会按照孩子跑的距离，换算成箱根车站附近的地名。

老师们按照孩子绕操场跑的圈数，不时告诉他们：“你现在到了横滨的保土谷”、“你很快就要到小田原中继所了”，令长跑练习也变得趣味盎然。

比起单调地告知“你已经跑了8圈”来，这种说法的确更有意思。在寒冷的操场上跑步，本身是件痛苦的事，不过在“玩心”的帮助下，孩子们的干劲多少有了提高。

家中的学习，大家也可以利用“东海道新干线游戏”或“大阪环状线游戏”，题材内容不限，只要能提高学习的趣味性就好。

假如孩子喜欢看相扑，妈妈不妨每天陪着孩子玩一玩识字十五番游戏。

也就是将测试场看做相扑比赛场地，如果15道问题中答对8道以上，就算是过关，如果只答对7道以下，那就算是落败。

同时，你可以完全按照相扑比赛的规则来设定奖励方式，如果答对 10 道以上可获得殊勋奖，答对 15 道以上得优胜奖……孩子即使本来深以学习写字为苦，但与自己最喜欢的相扑联系起来之后，兴趣也就越来越高了。

而如果一开始将孩子的段位设置在“前五名”，根据写字测试的成绩好坏，来决定升段或降段的话，真实感会更强，也更好玩。

学习成语和谚语时，也可以利用书店出售的习题集以及谚语集，同样玩一玩大相扑的游戏。

如果孩子喜欢棒球，就可以将他会写的字和不会写的字，换算成“打率”；如果孩子喜欢足球，那么如果他的正确率是 90% 以上，就得三分；正确率为 70% ~ 90% 得一分。比起枯燥地催促“快去写字，背成语”来，这种灵活的游戏规则更容易被孩子所接受。

刚才提到了山手线游戏，其他科目也可类推，完成一个单元的学习，就前进一站路。对孩子来说，学习 = 游戏，自然积极性大增。

43 充分发展特长科目

我担任电台主播时，曾与特约嘉宾、电影评论家杉杉女士共事，她曾针对教育问题发表过如下意见：

“进入高中以后，不能再要求孩子什么都学，而应该尽量充分发挥孩子的特长，鼓励孩子多花时间在擅长的科目及喜欢的科目上。我认为，个性化高中，是比无偿化高中更重要的事。”

杉杉女士不是老师，她并非专业的教育界人士，但这番话，却深得我心。

事实上，从小学开始，我们就应该给予孩子充分发展特长的机会，要让孩子在感兴趣的领域获得大显身手的机会。

为什么呢？这是因为越是擅长的科目，越是感兴趣的领域，孩子就能在学习过程中获得越多的乐趣和自信，也将成为今后拓展人生的指针。

在采访小升初的学生家长时，常听到有人说：

“在擅长的科目上获得好成绩后，居然连不擅长的科目也有了进步！”

其实，这就是孩子在擅长领域中经受锻炼后，提升了自信心的结果啊。他们在努力之后获得了好成绩，心中会想：“即使是我不擅长的课程，如果这么努力的话，也会有一定程度的进步吧？”

同时，这样的家庭中，妈妈时常会找机会赞扬孩子在擅长科目上的出色表现，并鼓励孩子克服不擅长科目中遇到的困难。妈妈的赞扬，看来是十分有效的。

妈妈一边表扬孩子擅长的部分，一边减轻不擅长科目带给孩子的负面压力：

“哇，你果然是个数学小天才！你的数学这么好，语文上再多用点儿心，肯定也能取得巨大进步！你看，数学必须将题目解答出来，而语文的阅读理解，答案往往就在文章之中！”

“社会科得了满分？太了不起了！理科考了 70 分，也不错啊。本来理科算是你最头疼的科目，考到 70 分，已经不算差啦。”

“只要做，就能行”，本来是鼓舞孩子心灵的最佳范句，但如果毫无依据，也会欠缺说服力。所以，当孩子发现自己在某一领域内的天分时，妈妈要利用这一点，对他说：“你连〇〇都能做得好，◎◎你也一定能行！”

如此一来，说服力就增强了。

因此，家长更要促使孩子充分发展擅长的科目。

妈妈千万不要批评孩子钻研某一科目的劲头：“你别总是埋头做理科的题目，也去做做语文和算术吧！”

相反，我们要想办法，引导孩子把埋头于理科学习的集中力与兴趣，也转移到其他科目上来：“你简直是天文学博士，研究虫子的博士呀。也弄个数学博士当当好不好？你肯定轻而易举就能做到！”

即使孩子并未马上对这些劝诱起任何反应，但只要孩子产生“如果我好好学的话，可能数学成绩也会不错”的想法，那么他对数学等科目打怵的心态就会缓和不少。

如今活跃在赛场上的体育明星们也是如此。无论是棒球联赛中的明星松坂大辅投手，还是高尔夫明星石川辽，他们在儿时，都曾接触过各种各样的体育运动，然后从中选择了最感兴趣、最具好奇心、最适合自己的项目，在经过充分的练习之后，收获了如今的成功果实。

我们首先要重视孩子擅长怎样的科目，喜爱怎样的项目，无条件地支持他。然后，让孩子将从中获得的自信，投射到本来并不擅长的科目上去，争取全面发展。

44 “教教妈妈吧”，助孩子复习

我做大学讲师时，在与学生们的接触过程中，强烈地感受到：“教别人，有助于自己学习”。

我主要的教学任务是政治及社会形势。为了更好地教学生，自己也必须准确地把握知识点，如果我自己只是一知半解，如何能深入浅出地做好讲解呢？我常常觉得，在成为老师之后，才更充分地认识到自己的不足。

而且，在教育学生的过程中，我对知识的理解也更加深刻，大学课堂上的讲义，对我来说是最佳的复习手段。

那么，让我们回归主题吧。我认为，“教别人”这个方法，可以用于帮助孩子理解学习内容，真正吃透课本。

只是孩子在学校或补习班里听课，会自以为“听懂了”，但如果让他向别人复述和解释知识点，他往往由于理解得不够深刻，而无法准确地进行说明。

这是因为学生在课堂上似乎“听懂”的内容，会随着时间流逝，而逐渐从记忆中淡化。

回顾我自己的孩童时代，若是在学校或补习班里，听了老师的解说后找到了答案，也会自认为已经掌握了知识点，但真要我独立解决问题，却是一筹莫展。可见这里有一个陷阱。

而更大的陷阱却在于：人类本身就是个善忘的生物。

德国心理学家赫尔曼·宾豪斯的有名学说，即为“记忆遗忘曲线”。

根据这一学说，人类在 1 小时后会遗忘 56%，1 天之后遗忘 74%，1 周之后遗忘 77%。

从以上数字看来，学习后的第 1 天，遗忘速度非常之快。可见，老师时常叮嘱的“回家之后，别忘了好好复习”，倒真应该时常铭刻于心，因为“复习”除了帮助孩子确认是否理解了课堂内容以外，还能帮助他们避免最初 1 天的“快速遗忘”问题。

最近，很多小升初的补习班开始教育孩子，“复习”比“预习”更重要。我希望妈妈们在家里，也要抓紧时间和孩子一起复习功课：

“学校里学了些什么？教教妈妈吧。”

“妈妈也想学，你看着今天学过的教科书，教教我吧。”

如果妈妈能够让孩子养成每天“教教妈妈”的习惯，他们一定会通过向妈妈说明学习内容，而加深对课堂知识的理解。妈妈听着孩子“讲课”，也可以判断孩子对所学内容的掌握程度。

当孩子把学校或补习班的试卷拿回家时，妈妈也不要光是关注分数和偏差值，而应该扮成学生角色，以“受教”的姿态，让孩子说明一下试卷情况：

“哇，这么难的问题都做出来了？快点把做法教给妈妈吧。”

“这个问题，为什么是错的？告诉我吧。”

能够顺畅地说明，证明孩子已经透彻地理解。如果没有真正理解，孩子只能碰巧给出个正确答案，下次再遇到同类型题目还是会犯错。此时请妈妈一起把题目再做一遍，帮助孩子真正融会贯通。

45 看着电视，不妨大喊："哇，原来如此！"

藤原和博氏曾在众多应聘者中脱颖而出，就任东京杉并区立和田中学校长，并自行担任教授世间动态的教师，他还向学校内引入了来自民间补习教师的"夜间特别课程"，广受注目。

他曾说过："在家里每天看2小时以上电视节目的孩子，无法保证学习能力。"

我在采访有名的私立中小学相关教育界人士时，也常常听到同样的说法，而且，我手头的调查结果，也有力地证明了这一点。

◆ 文部科学省"全国学力及学习情况调查"（2008年以初三学生为对象）

◎ 平时看电视的时间与数学的回答正确率

·1小时以下　　70.5%

· 1 小时以上，2 小时以下　　69.4%
· 2 小时以上，3 小时以下　　65.5%
· 3 小时以上，4 小时以下　　61.2%
· 4 小时以上　　54.4%

根据文部省的调查，小学六年级学生中，有 45.8% 每天看电视时间超过 3 小时。

同样的数据还出现在日本 PTA 全国协议会 2009 年发表的“儿童与媒体相关意识调查”中。作为调查对象的小学五年级和初中二年级学生中，有过半数在平时每天看电视 1 ～ 3 小时，而 4 人中就有 1 人每天看电视 3 ～ 5 小时。

但我并不认为，电视=坏东西。

如果能好好利用，电视可以成为孩子关注社会的窗口，也能成为引发孩子好奇心和兴趣的入口。

芬兰在“OECD 学生的学习完成度调查”中获得了世界最高的成绩，而芬兰家长一直以来，都有和孩子一起看电视节目的习惯。

芬兰的电视节目中，几乎没有娱乐八卦内容，新闻报道、纪实节目以及讨论节目为主流。我们也可以模仿芬兰家长，看着电视上播放的国际新闻节目，问问孩子：“对这个问题怎么看？”和孩子一起思考，一起动脑筋。

不过，日本孩子看得最多的还是娱乐节目，如果突然叫他们看新闻，很可能会招致厌烦。即使妈妈热情邀请：“跟妈妈一起看 NHK 的新闻吧！”孩子或许仍会表现得毫无兴趣。

因此，妈妈首先要在看新闻节目时，做出一些略带夸张的表情和动作：“啊！原来是这样啊！”“太了不起（可怕）了！”

孩子非常关注妈妈激动、惊讶和恐惧的表现，因此他们很可能会问：“妈妈，怎么了？电视上放什么了？”

妈妈趁机把电视节目的内容告诉孩子，促使孩子对社会问题和世界形势产生兴趣。

不光是新闻节目，当妈妈观看纪实、历史、自然、动物等为主题的节目时，大叫一声“啊！怎么会这样！”孩子自然会好奇地凑过来，一起观赏和思考、探讨的。

46 围绕某个主题展开对话，锻炼思考和表达能力

比起爸爸来，妈妈和孩子在一起的时间更长，因此，为了提升孩子的学习能力，我希望妈妈能够多做一些工作。

学力的基础，就是不可或缺的语文和算术，那么针对这两门功课，妈妈可以做以下一些准备：

◎ 提高语文能力的习惯

- 孩子朗读教科书和故事书
- 练习片假名、平假名和汉字
- 让孩子背诵谚语和成语
- 鼓励孩子多查阅字典
- 让孩子在仔细思考文章结构之后练习写作文
- 当孩子阐述自己意见时，鼓励他有理有据地进行说明

◎ 提高数学能力的习惯

- 让孩子练熟四则运算
- 让孩子练熟含有加法和乘法的混合运算
- 在生活中让孩子多接触“毫升”、“分”、“米”等计量单位
- 一边教孩子形状概念，一边让孩子把握面积和体积等的感觉
- 做阅读理解题时，让孩子理解文章意思之后再解答

以上都是直接提高学习能力的方法，想必很多妈妈已经利用教科书及课外练习教材进行过实践了。

与此同时，我还希望妈妈在日常生活中，经常有意识地引导孩子进行围绕某个主题的谈话，这种做法虽然并不一定能直接提升学力，但却有着神奇的潜移默化的作用。

我在前面阐述了利用电视节目教育孩子的方法，妈妈既可以和孩子谈谈新闻节目或纪实节目等话题，也可以聊聊其他地区的问题或学校生活中的问题。这种行为，其实就是妈妈和孩子围绕某个主题进行的“话语抛接球”游戏。

孩子所说的话往往是发散性的，前面才提到同学的事情，后一句话可能就转向学校里颇具个性的老师、委员会活动、今天的午餐不好吃等问题上，他们的话题可谓丰富多彩。

尽管如此，妈妈们还是要耐心地听孩子诉说，这种交流既是家长了解孩子情况的珍贵机会，也有助于培养孩子的思考能力和表达能力，妈妈们可以与孩子更加深入地沟通。

比如，当孩子提及校园暴力事件时，妈妈应该郑重地指出其危害；当孩子说学校饲养的小鸡死了时，妈妈可以跟他聊聊生命的珍贵。

妈妈也可以提出话题，让孩子说说自己的感想和意见，比如：社区的垃圾问题、特卖超市开张导致附近商店倒闭的问题等。

每周如果能跟孩子进行一到二次与日常会话截然不同的有深度的对谈，就会非常有利于培养孩子的思考能力和表达能力。在谈话时，应该利用我在前面举过的例子，鼓励孩子说出自己的理由：“为什么你这么想？你的理由是什么？”

另外，别忘了多鼓励和表扬孩子：“孩子，你真棒！你把自己的意见表达得非常清楚！”

长此以往，孩子的思考力和表达能力必将大有长进。

47 SWOT分析，描绘未来的理想画面

日本谚语有云："无父无母，孩子也自长大。"

的确，即使无父无母，孩子也可以凭借自己的努力或仰仗周围人的帮助，慢慢长大成人。

这个世界上，的确存在这样的孩子。

我也时常听闻这样的事："那孩子的父母，平时根本不管他，可孩子却出落得非常有出息。"

但是，以上情况是否普遍呢？

我认为，大多数情况下，孩子只有在父母的影响下，才会对某个事物产生兴趣；也只有在父母监督和促使他去学习之后，才能真正发挥自身的能力。

如果没有父母的帮助和影响，即使孩子自己对某个项目产生了兴趣，也根本不知道该如何着手。

现代社会，电视机、电脑、游戏机、手机等电子产品吸引着孩子们的目光，他们的日常生活根本离不开这些东西。如果放任自流，孩子好不容易对某样事物产生的兴趣，可能很快就转向其他更刺激的机器产品上了。

可见，现在这个社会已经进入“只有父母好好引导，孩子才能健康成长”的时代。为了引起孩子的兴趣，提高他们的学习能力，父母必须为孩子描绘出未来的蓝图，并带领和鼓励孩子向这个目标前进。

只是，漫无计划、随波逐流的做法，没有任何效果。若是说培养孩子是一种战略，可能略有夸张，但从某种意义上说，二者的确是相通的。

在此，我向大家推荐 SWOT 分析法。

这种方法对孩子的性格特征进行解析，判断为达到目标，需要做些什么。近年来，先进的企业已经引入了 SWOT 分析（S=strengths = 优势，W=weaknesses = 弱点，O=opportunities = 机会，T=threats= 障碍），我认为也可用于提升孩子的学力方面。

企业采用的 SWOT 分析，关注的是本公司的优势和弱点，促进目标实现的机遇和阻碍目标实现的问题，在分析这些要素的基础上，确立新的战略。若是运用到孩子的学习方面，可以按照以下方法使用：

◎ 促进孩子才能发挥的SWOT分析

· S= 孩子的优点

〈例〉忍耐力强，积极上进型

喜欢英语，对理科也有兴趣

· W= 孩子的弱点

〈例〉内向怕生，无法立刻融入环境

对语文和算术没什么兴趣

· T= 实现目标的机会

〈例〉家附近就有口碑很好的补习班及英语会话班

博物馆离家也不远，对发展理科特长很有好处

· T= 实现目标的障碍

〈例〉家庭经济条件一般，第二个孩子也得花钱

做了如上分析后，妈妈就可以一边合理筹划家庭用度开支，一边考虑如何帮助孩子扬长避短，改进不足。

如前例所述，妈妈可以和爸爸一起商量一下，是将有限的预算用来补习语文和数学呢，还是用来强化本来就比较擅长的英语和理科？

某些情况下，也可以直接和孩子本人商量："今年有什么计划？""明年的打算是什么？"孩子有了计划性，学习能力更易提高。

SWOT分析，能够帮助家长为孩子描绘未来的蓝图，让妈妈更直观地发现："孩子将来，如果充分发挥这种特长，应当会成为有用之人。"

因此，希望诸位看准未来方向，充分为孩子考虑发展计划。

48 提高学习能力的秘诀：和妈妈一起“说看写，听读查”

茨城县境町的静小学属于小规模公立学校，但学生的成绩在当地小学中却首屈一指。

我第一次去这所学校采访时，从一年级到六年级，每个和我擦肩而过的学生，都大声问候我：“早上好！”“日安！”真是个令人心情愉快的学校。

在这所小学，每天都在实施“说看写，听读查”这一教育方针。

我在采访之后，深深感受到该方针对提升学力的重要性，可以说，“说看写，听读查”，正是令学生获得好成绩不可或缺的要素。我非常希望每个家庭都能按照这一方针来教育孩子。

另外，我经常从听过我演讲的听众那里收到信或邮件，他们表示：

“按照您的方法去做之后，孩子的学习态度发生了翻天覆地的变化。”

“‘说看写，听读查’，其实我们做父母的常常忘了这样做。在教育孩子的过程中，我也学到很多。”

可见，这个方针，绝对是值得一试的。

首先，“说”这个词，正如我前面所述，指的是妈妈要和孩子充分地对话。

根据每年的文部科学省全国学力测试的调查结果，亲子对话充分的家庭，其孩子的回答正确率明显更高。

会话，不仅有助于提高孩子的思考能力和表达能力，而且还具有安抚孩子心灵的作用，特别是妈妈，应该每天和孩子多多谈话，把它当作日常的功课。

接下来，“看”、“写”，也应该由妈妈和孩子一起来进行，效果才会明显。

带孩子到博物馆或美术馆去参观，或是到出现在新闻中的地方去看看，然后还可以将见闻写成作文。孩子的视野得到拓展，与此同时，表达能力也得到提高，可谓两全其美。

而“听”，则是指妈妈要认真倾听孩子的话。如果妈妈这么做，孩子会更愿意敞开心扉，并且深深感到“妈妈在认真地听我说话”，令他的心灵安定下来。而“读”，则是指妈妈和孩子一起看书看报纸，这是培养思考能力、表达能力和想象力的好办法。

最后的“查”，并非轻而易举地到网络上去搜索，而是指故意花时间查阅字典和辞典。这种行为，可以帮助孩子认识到“不努力，无成果”、“若努力，必有获”。

“说看写，听读查”六字方针，包含着令孩子更加聪明的神奇力量。诸位不妨在家中，立即开始实行吧。

第5章

职业女性作为妈妈的好习惯

49 妈妈多谈谈自己的工作

如今，有越来越多的妈妈感到："一边工作，一边还要照顾孩子、培养孩子，精力实在不够用。"

事实上，由财团法人儿童未来财团实施的"育儿相关意识调查"（2007年）显示，全职妈妈中有接近8成，平时每天有12小时以上可以和孩子一起度过。而职业妇女中却有约半数，每天和孩子共度的时间仅有2～4小时。

职业妇女中，很多人在家全职到孩子上小学以后，才外出工作。不过，从如今的社会现状来看，时代进步了，日本的经济情况又不太好，为了减轻家庭负担，妈妈们也不得不开始工作了。

当然，如果身为企业正式职工或是签约员工，每天忙忙碌碌，即使想要早点回家监督孩子做功课，也不可能有充足的时间。

尽管如此，但我一直都鼓励职业女性："其实，双职工家庭里的孩子，或许更容易进步！”

为什么呢？

全职太太基本上都是独自承担养育孩子的重任，容易追求完美，往往承受较大的精神压力：“孩子是我在照顾和培养，如果表现不好，不就都是我的问题了？”而且，全职妈妈无法转换心情，无法放松自己，因此会比职业女性更易感到孤独和焦虑。

而如果妈妈是职业女性，平时肯定无法全心全意地照顾孩子，所以在某种程度上，更信奉“车到山前必有路”。

因为职业女性认为自己肯定无法兼顾工作、育儿和家事，所以她们不但会理直气壮地要求丈夫支持，还会向孩子寻求帮助。

例如，忙于工作时，不但无法接送孩子去兴趣班、补习班，甚至连晚饭都只能草草了事。妈妈此时对孩子说：“妈妈也是为了一家人的生活，所以才这么拼命工作。对不起啦！”

孩子听了这话，理解了妈妈必须努力工作的一片苦心，也体会到妈妈平时关怀照顾自己的拳拳母爱。

另外，职业女性能够以身作则地向孩子展示人生之路的一些重要启示："妈妈为什么要工作"、"赚钱指的是怎样一件事"、"成为对社会有用之人的重要性"等，这些都是职业女性的优势。

若是妈妈再把自己的职业情况说给孩子听，更能促使他的心中萌生"职业观"，成为有理想的人："妈妈可喜欢建筑设计的工作啦！我希望设计出的房子，能让大家都安心地住进去，成为温暖的家。这可是妈妈的梦想哦！"

同样地，妈妈的话也可能让孩子更懂事，即使看到朋友们在使用新型号游戏机或手机，虽然自己想要，却也能够忍得住："妈妈在工作赚钱，等你长大了，想要读大学了，就能用攒的钱，供你去喜欢的地方读书！"

有时还可以带孩子参观妈妈的工作场所，了解工作有多辛苦。

"无论怎么辛苦，妈妈都绝不会放弃！"

"妈妈会很努力，一边照顾好你，一边好好工作！"

如此教育孩子，妈妈将成为他的人生榜样。孩子必将从妈妈身上学到很多有益的东西。

50 妈妈多与孩子交流“社会现实”

博报堂生活综合研究所进行过关于日本家庭的深度调查。

根据“日本家庭 20 年变化”这一调查（2009 年 4 月发表，关键语为“指向保温家庭的时代”）的结果，与 20 年前相比，认为“应该有意识地加深家庭成员间的亲情维系”的人增加了。其中，这样想的丈夫增加了 19%，妻子增加了 12%。

该调查显示，和家人一起看电视、一起庆祝生日的人比以前增多，可见有意识地维系家人之间温馨亲情的风潮已然兴起。

我认为，这一风潮有利于孩子的学力提升，另外，还有一些能够印证亲子关系改善的调查结果，例如：

◆ Benesse 教育研究开发中心“第二次儿童生活实态

基本调查”(2009)

◎ 你与妈妈会就以下事项做怎样程度的交谈？

· 学校里发生的事　2004年=48.8%　2009年=57.0%

· 关于未来和前途　2004年=23.0%　2009年=25.3%

· 社会新闻和现象　2004年=21.0%　2009年=23.1%

从以上数据可知，与5年前的“第一次调查”相比，妈妈和孩子的交谈增多了。

根据调查，孩子和爸爸的对话也有所增加，我认为，父母和孩子的交流频率上升，有利于家庭教育的开展，是应该大加鼓励的事。

但是，问题在于“交谈的内容”。

特别是职业女性，与孩子相处的时间不如全职妈妈们那样多，这样的妈妈和孩子的交流内容，就变得至关重要。

前文提过，“与孩子聊聊工作”很有益处。通过妈妈这个“滤镜”，孩子可以了解大千世界的万象，这也是职业女性育儿的一大优势。

BENESSE教育研究开发中心的调查项目显示，孩子们和妈妈谈及“未来和前途”、“社会新闻和现象”的比例，要比“学校里发生的事”低很多。

我曾在本书的姐妹篇《爸爸好习惯，孩子好成绩》中提过：“爸爸是让孩子学习社会的新闻主播”。其实，如果妈妈是职业女性，就能起到和爸爸同样的作用——不，她能够从与爸爸不同的崭新视角，告诉孩子“社会”意味着什么，并且为孩子的未来做出有利的建议，对社会动向做出自己独特的说明：

“妈妈的公司现在在招聘会说中文的学生。以后不光是英语，最好还要会说中文哦！”

“物价下降，所以妈妈公司的产品价格也下降了。公司赚的比以前少，妈妈的工资也可能降低，这就是通货紧缩的坏处。”

有些家长完全没有与孩子聊天的习惯，但是，如果母子能一起边看电视新闻边聊天，会促使孩子对社会现象产生更大的兴趣。

这一习惯并不能让孩子在考试时多得几分，但是长此以往，能促进孩子的独立性，有助于培养出综合素质和能力较强的人才。

51 培养正确的金钱观

在与孩子进行关于金钱的对话时，身为职业女性的妈妈们，就更有发言权和说服力了。

我采访过每个月默认孩子数万日元手机费的放任型家庭，也采访过随手就给还在上小学的孩子上万日元零花钱，或是经常给孩子买昂贵名牌奢侈品的富裕家庭。

我无意指摘任何家庭的育儿方针，但却觉得，上述家庭的孩子，即使成绩非常好，或是考取了有名的公立或私立学校，但却很难说是真正意义上的“聪明人”。

无论家庭条件怎样，都应培养孩子正确的金钱观，这才能促使孩子独立。而且，正确的金钱观念有助于培养孩子的良好品格。

所以，轮到身为职业女性的妈妈们上场了。

无论妈妈们是正式员工还是派遣职员，或是兼职员工，对金钱的价值想必都很有体会。

当日常对话中出现了金钱方面的话题，或是在电视及报纸上看到“股票大涨（跌）”的报道时，不妨跟孩子聊聊：

“你知道为了赚取1000日元，妈妈需要工作多长时间么？”

“如果想要不劳而获，最后只能一无所获。妈妈可是深有体会。只有拼命工作而取得的收获，才是最重要的。”

在这种话题上，职业女性可比全职妈妈们更有经验和说服力。

虽然我们不必让孩子对家庭经济条件了解得过细，但也不妨直率地告诉孩子：

“虽然家里并不富裕，但你的补习费用，爸爸和妈妈一定会想办法筹措。”

“等我涨了工资，就可以全家一起出去旅游一次。”

妈妈的金钱观和经济观，对孩子有着深远的影响，这一点，任何家庭都一样。

我希望妈妈们富不骄奢，贫不气馁，让孩子感受到积极乐观的态度。

从日常生活的角度来看，应该为孩子定好“每月零用钱额度”，让孩子有计划地支出，如果不够用，也绝不再增加。

例如，当每个月零用钱500日元的孩子想要买700日元的东西时，不要轻易给他另外200日元，而是让他忍耐到下个月，攒足钱了再买。

当孩子想要买价值3000日元的商品时，则至少需要攒半年。通过这种方法，教会他储蓄的重要性。

妈妈可以问孩子：“最想要的东西是什么？游戏机？那需要多少钱？为什么想要那个呢？”

然后告诉孩子：“你还需要攒○○元，攒够钱了以后，如果你还是想要的话，就去买吧。”

如此一来，孩子明白了“来之不易”的道理，也会学习到“若想有收获，必须先努力”的真理。

而且，当孩子必须忍住欲望，为了购买喜欢的东西而攒钱时，他或许会发现“我真正想要的并非这个，而是另一件东西”。

当爷爷奶奶或外公外婆给孩子一大笔压岁钱时，父母不要让孩子直接支配，而应该以孩子的名义代为储蓄，告诉孩子：“如果你以后有什么必需品要买，可以使用这笔钱。”这样做，可以让孩子了解储蓄的重要性，帮助孩子学会有计划地支出，令孩子切身感受到金钱的价值。

当然，要教育孩子学会忍耐，学会储蓄，妈妈也得以身作则，戒除冲动购物的坏习惯，这一点对某些女性来说有些痛苦。

职业女性中，有些人把自己的收入当作外快，用起来毫不心疼，不过，妈妈们应该让孩子看到自己克制购物欲望、不买无用之物的实际行动。

“当孩子也在努力攒钱时，我这个做妈妈的，也就先储蓄，后消费吧！”

52 乐观地交流成功和失败经验

崎玉西武狮子队的菊池雄星投手曾在参加我主持的电台节目时说：“我一直都告诉自己，即使山穷水尽，也会柳暗花明，绝不能轻言放弃。无论当下如何辛苦，要知道，‘辛’字加上一横，就变成了‘幸福’的‘幸’，所以，我无论在怎样险恶的环境和巨大的压力之下，都不允许自己放弃努力。”

后来我才知道，“绝不放弃”，原来是菊池选手的母校，也就是岩手县花卷东高的教练的口头禅。

我非常希望妈妈们，特别是身为职业女性的妈妈们，能够让这一精神深深植根于孩子的心灵之中。

文部科学省 2007 年进行了“全国学力及学习情况调查”，调查发现，当遇到难度较高的数学或语文练习题时，有一些孩子会选择放弃不做，另一些孩子坚持做下去，不轻易放弃。而两者之间在数学成绩上的差距接近 20 分，语文成绩也有 10 分以上的差距。

而且，这一差距并不仅仅停留于学校考试成绩上，在他们长大成人的过程中，对决定人生的意识观念，也将产生深远的影响。

当孩子面对困难，难免发牢骚说："算了，我做不好，不干了。"或是认为："反正我怎么也学不会！"此时此刻，妈妈应该乐观开朗地将自己在职场的成功体验告诉孩子："前一段时间，全公司只有妈妈一个人的业绩总是上不去，所以，我就给以前买过产品的老客户一个个地打电话，拼命地向他们介绍新产品的优势，结果，老客户们很捧场地又从我这里买了好多产品，妈妈的业绩一下子成了公司第一名！我自己都吓了一跳呢。"

第 1 章已经提到过，妈妈把"只要○○就能◎◎"的成功经验告诉孩子，即使孩子表面上反驳道："你真啰嗦"、"妈妈和我的情况又不一样"，但他心里却会暗自赞叹："哇，原来妈妈是这样成功的！"很有可能重新鼓起勇气和干劲："好吧！我也继续努力看看！"

除了成功经验，妈妈也可以跟孩子谈谈自己的失败和教训。

小学低年级的孩子，几乎都认为自己的父母无所不能，无所不知。正因为如此，当他们犯错时，总感觉“不能告诉父母”，有什么问题总是犹犹豫豫地隐瞒下来，害怕父母知道。

当妈妈察觉到孩子似乎有所隐瞒时，不妨先发制人，跟孩子聊聊自己学生时代遇到的问题，或是最近在职场遭遇的失败。

例如，当妈妈发现孩子似乎跟小伙伴有了摩擦时，可以说：“妈妈以前很讨厌公司里的一个女同事，我简直觉得都受不了‘跟她呼吸同样的空气’，可没想到，当我遇到困难时，竟然是她帮助我摆脱了困境，原来，她实际上是个非常善良友好的人呢！所以呀，在还没了解一个人之前就匆忙下结论，觉得对方讨厌，是不对的哦！”

而当孩子考试成绩不好的时候，妈妈可以安慰和鼓励他：“当妈妈在工作中犯了错，我曾鼓起勇气去和部长谈了谈，结果，不但没挨骂，部长还鼓励我说：‘不要悲观，重要的是如何在下次工作中吸取教训。’这样一来，我的心情顿时好了很多。”

听了妈妈的话，孩子心中轻松了：“原来妈妈也经历过失败啊。可是，她很乐观地战胜了困难呢。”

如此一来，孩子的郁闷表情可能会变得开朗，他将不再恐惧失败，心中产生了力量，敢于去尝试和迎接新的挑战啦！

53 “帮妈妈做事”——打开通往独立的门

采访学校和补习班相关人员时，我经常听到老师们评价说：“经常帮助妈妈做家务的孩子，学习能力也更强。”

那是因为孩子通过帮助妈妈做事，培养了责任感，明白了怎样的顺序更有效率，而且养成了时常思考如何为他人做贡献的良好习惯。

事实上，BENESSE 教育研究开发中心曾经做过 2006 年度的“年轻人工作及生活实态调查”，调查目的是了解成年后工作能力与儿童时期体验的相关关系，其结果非常值得关注。

该调查要求被访者自行回答问题，我们发现，在儿时经常帮助父母做家务事的人具备以下特征的比例更高：

- **能够简洁明了地解释自己的想法**
- **能够更好地控制自己的感情**
- **能够做到身先士卒，率先行动**

我认为，孩子分担了本来全部由妈妈负责的家务事，这一习惯可能会产生上述“副产品”。

当孩子帮助忙碌的妈妈做家务时，他的学习能力、思考能力、表达能力、感情自控力、独立性都会得到提升，可以说从中获益良多。

请诸位妈妈思考一下，是否让孩子帮你做了以下的事情：

· 让孩子帮你处理过垃圾吗？

· 频繁地让孩子帮你做过家务事吗？

· 让孩子自己整理书桌吗？

· 让孩子自己整理书包和背包吗？

· 让孩子自己洗拖鞋吗？

接下来，我来举例说说“处理垃圾”这件事。

如果孩子只是把妈妈预先分类好，放到口袋里的东西拿到垃圾堆放处去，这种行为不叫“处理垃圾”，只是简单的“扔垃圾”。

当孩子只有 5 ～ 7 岁时，能帮着“扔”，就很不错了，值得表扬。但只有当他能够分清楚可燃物与不可燃物，并分别放入合适的口袋里，而且还能将湿淋淋的厨余都整理干净，才算是“会帮着做家事”了。

无论是让孩子帮你做饭、晾晒衣物、收叠衣物，还是让孩子给院子除草，家长只要选择了让他帮忙，就千万不要再说“还是我自己来干，比较快”。

一定要让孩子从头到尾完整地完成这件事，在某种程度对孩子展示信任吧，这有助于培养他的责任心。

孩子会因此而产生自信，感觉到自己是“家庭一员”，增强他的生活自理能力。

仔细想想，孩子们怀有的“进入憧憬的学校”、“长大了要做○○”等梦想，并不是在生活中“率性而为，为所欲为”就能实现的。孩子们必须先完成大量任务，积累无数经验，才有可能实现梦想。

第 1 章中我已经提到，要让孩子明白点点滴滴的努力以及坚持不懈的重要性。除了身边的事物以外，不妨让孩子多帮妈妈做些家事，这样一来，妈妈能轻松点，孩子也会更聪明！

54 吩咐孩子一次做多件事

职场上，常有人惊叹“哇，那个人真能干！”仔细观察这些令人惊叹的人，你会发现，他们往往能够轻而易举地同时处理多个项目，实际业绩令人赞叹不已。

这些业绩出色的同事对于“多项目同时进行”已经习以为常，虽然口头上还是会发牢骚说“忙死啦”，实际上却是游刃有余。

这一规律，可以活用在培养孩子的思考能力和学习能力上。

就拿前章提到的“帮做家事”为例，家长不用一件一件地告诉孩子，可以一次吩咐他做多件事。如果这个办法奏效，那么身为职业女性的妈妈们可以更加轻松，同时还培养了孩子的能力，可谓一举两得。

当孩子还是小学低年级学生时，妈妈可以让他去买东西：“去对面的便利店，给妈妈买 3 个冰淇淋和 1 包面粉来。”

孩子捏着妈妈递过来的一千日元，小脑袋就要开动脑筋了：应该先买冰淇淋？还是先买面粉？如果先买面粉，那剩余的钱还能买几个冰淇淋呢？

当孩子逐渐长大，妈妈就可以委托他做些更复杂的事："你今天要去学钢琴是吧？不管在那之前还是之后，别忘了帮妈妈在教室附近的超市买些面包和香蕉。回家以后，快些完成作业，还有，今天要给花浇水哦。"

听了妈妈的吩咐后，孩子除了努力记住所有任务以外，还会考虑办事的优先顺序："学钢琴之前如果买了面包香蕉，包就会很重，所以，还是练完琴再去超市吧。"以及"最好在天黑之前给花浇水，所以我一到家就去浇"。

当妈妈给的钱不够时，孩子还会一边回忆冰箱里的剩余食物，一边从面包和香蕉中选择一样。如果天色有变，孩子判断即将下雨，就会聪明地放弃浇花的任务。

一开始，孩子很可能会忘记其中一项或几项，但他逐渐会轻松地完成妈妈同时委托的两至三项任务，所以，请妈妈们务必要尝试这个方法哦！

妈妈一次吩咐孩子做多件事，有助于孩子将来同时完成社团活动和学习任务，更有利于他长大成人之后，较好地维持工作与家庭两者之间的平衡。

55 培养“我为人人”精神

某位著名私立初中的相关人士曾说过：“如果成长在家人互帮互助的家庭中，孩子较容易培养出领袖气质，在社团活动中善于照顾后辈，而且学业上也更能集中精神，更能吃苦，入学后显示出更大的潜力。”

同时，其他老师也说过：“这样的孩子独立得更早，精神更强韧。”

我采访过大量双职工家庭的孩子，根据经验，我认为老师们的评价非常正确。

接下来，一起看看调查结果吧。

◆ 财团法人儿童未来财团“育儿相关意识调查”(2007年)

◎ 怎样的事情令你感觉到与配偶在“一起养育孩子”

·自己和配偶同样拥有养育孩子的时间

全职主妇=33.7%　兼职=36.8%　双职工家庭=43.0%

·自己和配偶同样了解养育孩子的乐趣和辛劳

全职主妇 =46.1%　兼职 =47.3%　双职工家庭 =45.0%

从调查结果可见，身为职业女性的妈妈们，比全职主妇更需要配偶（丈夫）抽出“时间”共同承担育儿重任，而对于育儿的乐趣和辛劳，无论是否在工作，近半数的妈妈们都希望丈夫能够一起分享。

家务事和育儿，已成为妈妈们肩头的沉重负担，而一边工作一边照顾家庭的女性，则更加体会到其中的艰辛。

所以，让爸爸分担妈妈的重担，同时，孩子作为家庭成员之一，也积极地完成分内的任务——营造这种家庭文化已经成为当务之急。

这正是橄榄球运动中的“ONE FOR ALL”（我为人人）精神。

◎“ONE FOR ALL”精神，分担家务之实例

·确定负责晚饭的人（例如，爸爸和孩子们负责周二和周四的晚餐。其他日子，只要妈妈不加班，就由妈妈负责）

·轮流完成倒垃圾、打扫卫生间以及清扫玄关等

家务（第一周爸爸做，第二周妈妈做，第三周女儿做，第四周儿子做）

· 清洁浴缸、加入热水（由当天比较空闲的人先做好）

如上，可以先做一些大致的规定。

当然，爸爸或妈妈时常会遇到加班、出差、意料之外的应酬等，孩子们有时也必须先完成大量的练习题，或是因为上兴趣班而晚回家，所以肯定会有无法按规定办事的时候。

越是这样的时候，家人就越是要团结，越是要互相帮助，这样，孩子才会有作为“家庭成员”的自觉性和自豪感，才会更好地成长。

国际残奥会有句格言：“与其叹息自己所没有的，不如珍惜已拥有的。”

身为职业女性的妈妈们，平时很难随时解答孩子学习中遇到的问题，也无法接送孩子去兴趣班，甚至无法每天给家人做晚饭。

但正因为此，妈妈们可以理直气壮地要求家人的帮助，帮助孩子养成“我为人人”的良好习惯，帮助孩子成长为稳重而有担当的人。

56 自己孩子，别客气，多给他找点儿麻烦

电视广告曾有这样的画面：忙碌的职业女性，为了赶上观看孩子的棒球比赛，狂奔而去。

广告一开始，孩子在进入击球区之前，抬眼在观众席上寻找妈妈的身影，可是，却一无所获。孩子露出略感遗憾的表情，但他很快就转移了注意力，飞奔向本垒，而与此同时，妈妈正好完成了工作，终于赶到赛场。

妈妈看着孩子会心一笑，振臂为他鼓劲。孩子踏入击球区，对着妈妈展开笑容。这是个令观众感受到母子深厚感情的广告佳作。

广告中的妈妈最后赶上了孩子的比赛，而我认为，即使明知赶不上，妈妈还是应该飞奔去赛场。

退一万步说，即使妈妈无法真的跑去赛场，也要把“我非常想要去给你加油”的心情告诉孩子。

如果妈妈在工作上不落于人后，同时又想在培养孩子

方面达到满分，那么无论体力还是精神上都会相当辛苦。

采访那些考取著名初中的孩子家长时，有时会听到他们的抱怨：

“每天累得要命，早上赖床的话，早饭都没法做，结果，送孩子出门时，我自己都难过得差点哭出来。”

“孩子学校平时举行家长参观或音乐会等活动，因为要上班，我几乎都没法参加，所以，很担心孩子是不是会伤心？我有些内疚，在考虑是否要辞职照顾孩子呢。”

我认为，妈妈们不应该将自己真实的想法闷在心里，而必须坦率地告诉孩子：

“今天早上，妈妈赖床了，连早饭都没有做，对不起啦！这个周六，妈妈一定给你做特好吃的大餐。”

“妈妈总是没法参加你们学校的活动，对不起！妈妈一直都在想：‘今天是家长参观日，我没有去，孩子是不是会觉得有些寂寞呢？’不过，你放心，妈妈下次肯定去看你的运动会。”

事实上，当我询问那些职业女性的孩子们时，却发现他们非常乐观：

“一直都这样呀，所以我也没觉得有啥寂寞。”

“我也想像妈妈那样工作，我觉得这样很了不起呀。”

如前所述，要让孩子知道妈妈为什么这么努力工作，并让他们理解：身为职业女性的妈妈们仍然将孩子放在第一位。得到孩子的肯定和理解以后，妈妈们就可以毫无顾虑地给他们“添麻烦”了。

当然，对于平时经常加班，深夜才能回家，连周末都不知能否正常休息的忙碌女性来说，你们有必要为了孩子，牺牲一部分工作上的义务。

·不参加晚上的同事饮酒应酬

·如果是弹性工作制，可选择适合自己的时间

·当有新项目时，即使明知是展示自己才能的好机会，也拒绝

想要同时完成工作和育儿两项重任，有时的确需要“放弃”和“改变”，也就是要从“两者都要”，转变为“选择其一”。

不需要放弃工作，但可以临时放弃某个项目，或是选择相对轻松的岗位。至少在孩子小学毕业之前，妈妈需要改变自己的工作方式。

57 让孩子拥有“共享梦想”的朋友

运动员很少独自进行单人训练，几乎都是和队友、教练一起集训，以调整和提升状态。

某位现任棒球解说员原本曾是棒球运动员，他曾这样解释“集训”的原因：

“一个人练习，很快就会‘疲劳’、‘无聊’，难以坚持，容易放弃。”

当然，或许也存在独自一人克服瓶颈问题的先例，但无论是足球还是田径，如果和队友一起训练，不易产生孤独感，并能从他人的刻苦精神中受到启发和鼓励，端正自己的态度，培养上进心。

身为职业女性的妈妈们，也可以利用这个好办法。

工作一忙，妈妈就无法每天解答孩子学业上的问题，或许连母子交流都减少了。

但是，当妈妈的可千万别因此而疏忽，因为孩子的本能就是“吃”、“睡”、“玩”，如果放任他们毫无目标和梦想地混日子，恐怕会养成游手好闲的坏习惯。

因此，妈妈要鼓励孩子跟拥有共同梦想的朋友一起努力，也就是让孩子跟能够“共享梦想”的伙伴做好朋友。

根据我至今为止的，关于小升初考试的采访经验来看，几乎没有一个孩子能够不上补习班或培训班，就轻松地进入名门初中的。

他们参加的补习培训班，能够按照志愿校的出题倾向进行训练，帮助他们提高学习能力和成绩。但还有个重要的好处就是：他们认识了有着共同目标，进行着同样努力的伙伴。可以说，他们就好像“战友”。

孩子们的目标一致，烦恼和压力也接近，所以会产生互不服输的好胜心。无论是学业还是少年棒球、钢琴比赛等，当存在很好的伙伴、很好的对手时，孩子会动力大增。当妈妈们从孩子的要好伙伴中发现这样的人选时，不妨先和那个孩子的家长多交流沟通。

在我家，孩子妈妈忙于工作，但女儿却也有着“共享梦想”的好朋友。

女儿时常会说：“我和某某是最好的朋友，但也是竞争对手哦。我可不能输！”“某某说她将来要上东京大学，我也想好好学习，将来上东大！”

虽然不知道她的话里有多少“水分”，但的确是因为好朋友成绩比自己更好，她受此激励，才有了如此的志向。

所以，既然妈妈一言不发，孩子也会被朋友“拖着”，努力上进。忙碌的妈妈们，首先让孩子有个“共享梦想”的好朋友吧。接下来的任务，就是帮助孩子维持友情长久，和小伙伴好好相处。

58 职场来电及来邮，也会回响在孩子心中

我置身于大众媒体的世界，无论电台还是电视台，或是报社、杂志社，都属于超级忙碌的职场环境。

除了事务类型的工作以外，时间上缺乏规律，经常加班加点，但令人意外的是，我们电台里，竟有不少身为妈妈的员工，很好地平衡了工作和育儿两项重任。

她们的诀窍就是，来自职场的电话和短信。

第 2 章中已经提到过，近来，很多小学生也开始使用手机，即使孩子没有自己专用手机，也都能纯熟地操作电脑，几乎所有孩子都会收发电子邮件。

前面，我讲述了电子产品的风险，但其实如果使用得当，电脑和电话能够成为忙碌工作的妈妈与孩子之间的热线和纽带。

妈妈可以在工作时，见缝插针地给孩子发短信或打电话：

“妈妈今天要加班，回家要半夜了。冰箱里有昨天的剩菜，你和爸爸用微波炉热了再吃。明天，妈妈一定给你做你最爱吃的西式炖菜。”

“接力赛的选手名单，确定了吗？今天我还在忙，回家要晚一点，不过，如果你选上了，明天妈妈要给你开个庆祝会！如果没选上，也不要紧，妈妈明天照样给你开个鼓励会！妈妈爱你。”

这样的短信，能够充分传达“妈妈最关心的就是你”这一信息。

同样的做法，也适用于爸爸。不过，家长们要避免那种例行公事式的敷衍语气，例如：“今天晚归”、“你们先吃饭吧”。

特别是当家长跟孩子预先有约，却因临时要加班，无法完成承诺的约定，或是无法参加孩子的发表会、测试会等重要活动时，一定要把歉意和关怀通过短信告诉孩子。

妈妈晚归，对孩子来说肯定有点遗憾，但如果能提前通知孩子，他就会意识到：“妈妈一直在关心我，想着我”、“妈妈总是最在乎我”。

当然，有时其他方法会比短信更有效。

例如，妈妈出差不在家的情况，以及出差延期的场合。

出差两天一夜时，妈妈应该从外地给孩子打个电话：

“妈妈现在刚到福冈机场。天气？嗯，有点阴，不过比东京暖和一点儿。明天妈妈给你买博多拉面和明太子回去哦！好好在家等妈妈。”

“妈妈好容易完成了工作，现在刚回到酒店。明天给你买礼物回去。喜欢什么？乐天金鹫队的纪念品？没问题！”

出差好几天的情况下，妈妈可以给孩子寄明信片。

如今几乎人人都在用电邮，当孩子收到明信片时，一定会大吃一惊，这个惊喜，可比电邮或短信要给力多了。

而且，无论是国内还是国外的明信片，都有助于培养孩子的想象力。

“明信片上的大海真美，冲绳到底是个什么样的地方呢？”

“纽约的大厦真高呀。好想去看看美国什么样！”

孩子一边思念着出差在外的妈妈，一边对妈妈所在地区或国家的风土人情产生了兴趣，这真可谓是一举两得啊。

59 好好利用珍贵的睡前时间

在采访那些考取名门初中的孩子时，有些孩子的妈妈是职业女性，我曾听到孩子们说：

“真希望妈妈多陪我玩玩，我有好多地方想去。”

“希望妈妈多听我说说学校的事情，家长参观日，也希望她能来啊。”

每一个妈妈，都明白身为小学生的孩子承受着升学考的重压，为了避免孩子感到孤独寂寞，也都尽可能保证与孩子相处的时间。即便如此，孩子却还是感到孤独和不满。

我想，无论是否参加小升初的考试，日本全国肯定有很多类似的家庭。我想对身为职业女性的妈妈们说的是：要保证妈妈和孩子拥有仅属于两人的特别时间。

接下来，我要举例说明：

第一点，母子的接触时间要“短而浓缩”。

◎ 平均在傍晚六点左右回家的妈妈们

· 六点～七点　　一边准备晚饭，一边看着孩子做功课。需要上兴趣班或培训班时，要送孩子去。孩子学习的过程中，妈妈抓紧时间做饭。

· 七点～八点　　一边倾听孩子讲话，一边吃晚饭。

去兴趣班或培训班接孩子，回家后，一家人一起吃饭。

· 八点～九点　　和孩子一起收拾，然后给孩子洗澡。

· 九点～十点　　妈妈和孩子一起看电视，或是玩耍一会儿之后一起睡觉。孩子必须在十点前就寝。

对于回家时间更晚的妈妈们来说，晚饭后的时间更短，所以要养成吃饭时、洗澡时、睡觉前与孩子交流的习惯。

中国北宋时期著名政治家和诗人欧阳修曾有“三上”理论：人的灵感，往往出自“马上、枕上和厕上”。

那么我也依样画葫芦：对于孩子和妈妈来说，“吃饭时”、“洗澡时”、“睡觉前”，是身心都特别放松的时候，孩子会很乐意向妈妈吐露心事和烦恼，妈妈也能够静下心来倾听孩子的诉说。

既然职业女性无法和孩子长时间相处，那么就要格外重视和珍视与孩子短短的相聚，把这难得的时间与空间，作为母子交流的珍贵平台。

第二点，休息天要彻底当个好妈妈。

做个便当，带着孩子去附近的大公园里野餐，或是一起去附近的大卖场购物，还可以在厨房里和孩子一起做蛋糕，参加附近的科学实验室、发明俱乐部的活动，甚至可以一起去体验一下郊区的农耕生活，妈妈、孩子再加上爸爸，一起开开心心地度过周末。

孩子的小学时代，仅此一次，不会再度重来。

进入初中以后，孩子逐渐疏远父母，更喜欢和朋友一起游戏，或是参加自己感兴趣的社团活动。家长们要明白：“陪孩子玩耍的时间有限。”多多珍惜和孩子一起度过的时间吧。

第三点，就像重视与孩子的交流一样，重视与丈夫（孩子爸爸）一起度过的时间。

◆ 明治安田生命保险公司“关于夫妻关系的调查”（2008年）

◎ 夫妻平时的对话时间

·0分钟	3.3%
·1分钟~30分钟以下	22.1%
·30分钟~1小时以下	28.6%
·1小时~2小时以下	20.9%
·2小时以上	25.1%

由数据可知，有四分之一的夫妻，平时每天的对话时间不超过30分钟。

根据本次调查，当夫妻每天对话时间不到30分钟时，回答“充分感觉到对方爱意”的比例为：丈夫15.2%，妻子9.7%，可谓非常之低。当对话时间增加到30分钟以上时，双方对同一问题的肯定回答都增加到大约40%。

夫妻关系良好，是孩子获得安全感和安心感的最重要基础，也是培养成绩优良孩子的必要条件，如今的双职工家庭都很忙碌，但大家还是要挤出时间沟通交流，营造和维持明朗乐观的家庭氛围。

60 妈妈也应拥有对未来的梦想

厚生劳动省2003年所做的“21世纪出生儿童纵向调查”显示，身为职业女性的妈妈们在养育孩子过程中感到最沉重的负担是：“失去了自由支配的时间”。

令人吃惊的是，这一点竟然超过了“工作家庭无法兼顾”、“养育孩子令人疲劳”等项目。

该调查的被访者主要是正在照顾幼儿的母亲们，但我认为，这一倾向也符合小学生的妈妈们的观点。

若想同时兼顾工作和家庭，就不得不牺牲自己的兴趣爱好和自由时间，因此，精神压力越来越大。压力大了，就会因为孩子态度懒散或成绩不佳而大发雷霆，无法掩饰厌倦之感。

妈妈们为了避免陷入这种负面情绪，不要放弃自己的梦想，要努力乐观地度过每一天。

任何梦想，都可以。

我是四十六岁时进入早稻田大学研究生院学习的，如今，那里的在职研究生里，还有好几个身为人母的女性。

兼顾工作和育儿，已属不易，还要读研，她们的压力可想而知。但是，她们每个人都有着灿烂的梦想：

“我想创立一个 NPO（非营利组织），能够为社会做很多贡献。”

“我想成为市议会议员！”

“我想多多学习，然后考虑 40 岁之后的人生。”

这样的女性，令人肃然起敬。

当然，丈夫和孩子也都非常理解和支持她们。无论在何种领域，妈妈都要拥有自己的梦想，保证自己的自由时间。

我采访过的考取名校的孩子当中，有些人的妈妈一边照顾孩子，一边充分发展自己的兴趣爱好，取得某项资格认证，甚至学会了一门外语。她们很出色地完成了梦想，而且，孩子们往往并不责怪她们将时间花在别的事情上：“因为我希望看到妈妈精神抖擞的样子，她能做喜欢的事情，有什么不好呢？”

妈妈乐观向上，家庭氛围也自然明朗而愉快起来。孩子们看着妈妈努力的样子，也能产生乐观积极的心态。

也就是说，当妈妈拥有梦想，并为了实现它而努力时，不但不会伤害孩子，还会有非常大的良性影响。

妈妈们千万不要认为：“我平时要上班，所以有空时还是多陪孩子吧，不要发展什么兴趣爱好了。”这种内疚感毫无益处。

每天 30 分钟，每周 1 次，甚至每月数次都可以，妈妈们一定要拥有属于自己的时间。

即使什么也不做，你们也需要这样一段时间放松自己。

即使是全职主妇，每天也都在从事繁重的体力劳动，当然需要转换心情。

如果妈妈拥有梦想，那么家庭中就会产生良好的氛围，促使所有的家庭成员为实现各自的梦想而积极努力。

有些家长喜欢对着孩子说教：“你呀，要有个梦想，要有理想。然后为这个梦想去努力！”

事实上，全体家庭成员互相鼓劲，一起为各自梦想而努力的场景，比起枯燥的说教来，对孩子会产生更加良好的效果。

把各自的梦想挂在嘴上，或是写在日历本上，迟早有一天，你会从孩子那儿听到：

“我会努力实现梦想，爸爸妈妈，你们也要加油哦！”

后记

《产经新闻》的“主张”栏目，曾刊载过很有趣的报道。

这个栏目的主笔是新渡户文化短期大学学长中原英臣先生，我曾在电台节目中与他有过数面之缘。接下来，我要为大家做一下介绍：

“偏差值最高的学生准备考的是东京大学医学部（理3）。这是全国最高水准的学科，6年后的医生国家考试合格率位居第一。但2000年以后，东京大学医学部再也不曾得过第一。不仅如此，有三次甚至低于全国平均水平。京都大学医学部也从未进入过前二十名。

“大学入学考试以及名校入校考试只能测试大脑的一部分功能——到考试为止的记忆力。常常有人说日本人缺乏创造力，就是因为太过重视一张CD就能保存的记忆力，而忽视了需要逻辑思考的思维能力。”（2010年4月19日）

我读了这篇文章后，顿时有茅塞顿开之感。

我们常误认为“聪明孩子”=“考试得高分的孩子”，家长们总是让孩子追求高分，可是却没有想一想：“只是高分，就够了吗？”

当然，记忆力出色的孩子也好，擅长解决问题的孩子也好，都属于聪明人。但是，上述报纸栏目中指出：不能以偏概全。

我们不妨看着自己的孩子们，好好思考一下：如果不满足于逼迫孩子取得高分，不满足于仅仅向孩子的大脑中灌输大量知识，而希望进一步培养他们的思维、创造、表达和集中力，应该怎么做呢？

最后，我要向采访过程中帮助过我的学校相关人士、诸位学生家长以及邀请我编写此书的PHP研究所文库出版部的前任主编越智秀树和现任主编加藤知里表示衷心的感谢。